Die Göttliche Familie

AF138897

Dieses Buch ist all jenen gewidmet, die ebenso wie ich an das Engelreich und unsere himmlischen Freunde glauben und die genauso viel Herzensliebe für sie fühlen können wie ich. Für alle die an eine göttliche Kraft glauben, die für mich persönlich ganz einfach Vater-Mutter-Gott ist. Jene Kraft, die alles führt und lenkt, mit dem Ziel unsere Welt wieder in ein harmonisches Gleichgewicht zurückzuführen, für ein friedvolles Miteinander in Achtung und Liebe. Und es ist für all jene, die obwohl es in der äußeren Welt nur all zu oft so erscheinen mag dass diese göttliche Führung abwesend wäre, dennoch daran glauben, es tief in sich fühlen oder ein tiefes inneres Wissen haben, dass es doch wahr und real ist. Und es ist auch für diejenigen, die akzeptieren und verstehen können, dass die von so vielen Menschen ersehnte Wandlung zuerst in uns selbst stattfinden muss, damit sie sich in unserer Welt manifestieren kann. Und wenn es auch nicht sichtbar war und ist, so ist es doch die Liebe unserer göttlichen Familie, die sie für die Erde und die Menschheit niemals aufgegeben und Jahrtausende lang aufrecht erhalten hat. Sie haben ihren Glauben an die Menschen und an ihre Fähigkeit des Liebens niemals verloren. Und so wie sie an uns glauben, sollten wir auch an sie glauben, unsere Aufgabe hier auf Erden annehmen, so wie es einst verabredet war und mit ihnen gemeinsam als Team daran arbeiten, die Wandlung herbeizuführen. Mögen wir unserer göttlichen Familie das größte Geschenk bereiten, das wir ihnen machen können.

Die Bestätigung, dass ihr Glaube an uns und unsere Fähigkeiten berechtigt ist, dass es sich für sie gelohnt hat so lange Zeit unerschütterlich daran festzuhalten.

Ich danke allen Mitgliedern der göttlichen Familie für ihr Sein, ihr Handeln, ihre Liebe und ihre Führung auf allen Wegen meines Lebens. Und ich danke ihnen ganz besonders für ihre Geduld mit mir, während ich deren wahre Bedeutung lernen und erfahren musste. Die in den letzten Jahren so sehr von mir gefordert wurde, dass ich dachte meine Grenzen wären diesbezüglich mehr als überschritten. Am Ende, wie so viele Male zuvor auch, habe ich es doch geschafft. Ich bin sicher, ohne die Unterstützung der göttlichen Familie hätte ich aufgegeben, ohne diese unsichtbare Kraft die mich gedrängt hat weiterzugehen, durchzuhalten und immer wieder aufzustehen wäre ich heute nicht da wo ich jetzt bin. Und wieder mal mussten auch sie sich viel von mir anhören und es aushalten, vom schimpfen, über sofort den Planeten verlassen wollen, bis zum verweigern wollen was ich mir als Lernaufgabe wohl auch ausgesucht hatte, um daran letztendlich ein weiteres Stück zu wachsen. Auch haben alle Widerstände und Fluchtversuche wieder nichts genützt. So ist mir nochmals auf einer viel tieferen Ebene als je zuvor, die ich in Worten nicht beschreiben kann, bewusst geworden dass wir vor unserem Seelenplan niemals davonlaufen können. Und dass es nur eine Chance gibt, nämlich alle Widerstände aufgeben und uns unseren Aufgaben stellen, wenn sie uns auch noch so schwer erscheinen und wir kaum überzeugt sind dass wir ihnen gewachsen sind. Mir ist dabei klar geworden, wenn der menschliche Verstand es auch noch so leugnet, genau diesen Aufgaben die uns so schwer erscheinen, gerade diesen sind wir sehr wohl gewachsen-weil wir daran wachsen. Und weil jede letztendlich doch bestandene Lebensprüfung uns zeigt, was der Weg der Selbstmeisterung bedeutet und wie wir ihn gehen können. An der Entwicklung so einer Aufgabe erkennen wir Stück für Stück, dass die göttliche Führung immer da ist, uns leitet und schützt, auch wenn die Hilfe nicht sofort ersichtlich ist und manchmal erst eine gewisse Zeit für ihre Reife braucht. Alles geschieht zum richtigen Zeitpunkt, das braucht Geduld, doch meine Erfahrung hat mir gezeigt dass der richtige Zeitpunkt von dem Moment an richtig ist, an dem die Widerstände aufgegeben werden. Dann beginnt das fließen, Schmerz und Trauer hören auf, denn es ist der Widerstand der schmerzt, und dann offenbart sich die Hilfe und Unterstützung, wird erkennbar, deutlicher und schließlich sichtbar.

Mein Dank gilt auch all den lieben Menschen, die mich in der physischen Ebene unterstützt haben, Verständnis zeigten, ebenso geduldig waren und gleichzeitig loslassen konnten. Ganz besonders danke ich in tiefer Liebe meinem Lebensgefährten Ronald, der ebenso viel Geduld mit mir hatte und mich unterstützt hat. Diese Erfahrung war eine gemeinsame und ich bin unendlich dankbar dass wir verstanden haben, was wirkliches Zusammenhalten im beidseitigen unterstützen bedeutet und wie sehr unsere besondere Liebe füreinander noch mehr daran wachsen konnte.

In Liebe, El Benia

El Benia

Die Göttliche Familie

© 2013 Name der Autorin:

Andrea Klimasch alias **El Benia**

Illustration: **Ronald Hoth**

Herstellung und Verlag:

BoD – Books on Demand, Norderstedt

ISBN: 978-3-7322-4467-6

Inhaltsverzeichnis

Die Chohane der 7 göttlichen Strahlen
und ihre Zwillingsflammen 42

Die Erzengel und ihre Archai 59

Die Elohim und ihre göttlichen Ergänzungen .71

Weitere Mitglieder der göttlichen Familie mit speziellen Aufgaben...83

Vorwort: Unser wahres Zuhause

Wo kommen wir her und warum sind wir hier? Was ist der eigentliche Sinn unseres Lebens auf der Erde? Warum haben wir einen Schutzengel, wer sind die Erzengel, Elohim und aufgestiegenen Meister? Wo kommen sie her? Diese oder ähnliche Fragen hat sich wohl jeder von uns schon einmal gestellt. In den vergangenen Jahren meiner spirituellen Arbeit im Kontakt mit vielen Menschen ist mir aufgefallen, dass es viele Menschen gibt die an Engel glauben und ihre Gegenwart als wahr annehmen können. Auch, dass vielen Menschen einige der aufgestiegenen Meister und Meisterinnen, die Erzengel und die göttlichen Strahlen kennen und ihre Energien auch spüren können. Was sich jedoch in den vielen Gesprächen auch zeigte, dass viele wohl ein paar dieser Energien kennen, jedoch oft nicht wissen wer zu welchem Strahl gehört, welche speziellen Aufgaben, Farben und Qualitäten er oder sie hat, wen es noch gibt und welche Hilfe wofür gegeben werden kann. So begann ich vor 3 Jahren mich intensiver mit diesem Thema zu befassen und dort tiefer einzutauchen. Durch das studieren dieses Wissensgebietes kam ich gemeinsam mit meinem Lebensgefährten stärker in den Kontakt mit den göttlichen Wesen und wir erhielten viele zusätzliche Informationen, Schulungen und Lösungsmöglichkeiten für uns selbst und für die Menschen die mit uns in Kontakt kommen.

Wir haben viele Lebenssituationen präsentiert bekommen, in denen Prüfungen stattfanden, ob und wie wir unser Wissen anwenden und auch ob wir es weiter geben. Denn das ist ein kosmisches Gesetz, was uns vom göttlichen gegeben wird, sei es Energie, Informationen oder Anwendungsmöglichkeiten, es ist nicht dafür gedacht es bei sich zu behalten. Es muss weitergegeben werden, in die Tat umgesetzt werden, damit es zum fließen kommt. Das ist das Gesetz vom Geben und Nehmen, welchem das Annehmen natürlicherweise vorausgehen muss. Oder wie der aufgestiegene Meister El Morya einst sagte: „Wissen ist Macht, doch es wird erst dann zu göttlicher Macht, wenn es auch angewendet wird". Die Bereitschaft, sein Wissen in die aktive Anwendung zu bringen hat eine sehr große Bedeutung und verhindert letztendlich auch das entstehen vom „Karma der Unterlassung". Diejenigen, die über größeres Wissen verfügen, haben automatisch auch größere Verpflichtungen. Durch diese intensive Phase unseres Lebens mit den aufgestiegenen Meistern und Meisterinnen, Erzengeln, Elohim und anderen göttlichen Wesen, die uns noch nicht bekannt waren, haben wir auch ganz neue Ebenen des Fühlens kennengelernt. Ausgelöst durch die unbeschreibliche Liebe und Geduld dieser Wesen. Auch wenn es so manche Herausforderung gegeben hat und es wahrlich nicht immer leicht war, wir sind unendlich dankbar für die Führung, den Schutz und die Liebe die wir erhalten haben. Und so wurde uns immer bewusster wer diese liebevollen Wesen eigentlich sind. Unsere göttliche Familie, unser wahres Zuhause.

So formte sich die Idee, eine Essenz aus dem Studium und unseren Erfahrungen in einem kleinen Buch zusammenzufassen. Für alle, die auch mehr darüber wissen möchten und begleitend für unseren Dienst für die Erde und die Menschen, als ein erweiterndes Nachschlagewerk. Es werden mehrere kleine Bücher folgen, um eine Essenz in möglichst kurzer Form zu gewährleisten, jeweils einem bestimmten Themenbereich entsprechend. „Die göttliche Familie" dient einer ersten Übersicht, ihrem kennenlernen und dem Kontakt herstellen. Das darauf folgende Buch „Göttliche Helfer", ist eine Zusammenfassung, welche göttlichen Wesen wofür Unterstützung und Hilfe geben. Die weiteren sind bereits in der Vorbereitung. Alle Inhalte des Buches beruhen auf meinem eigenen Verstehen meines Selbst-Studiums der letzten Jahre, meinen persönlichen Erfahrungen damit, den Informationen die ich zusätzlich erhalten habe und aus den Erfahrungen mit unserer Gruppe Himmelssäule. Diese Gruppe kommt zweimal im Monat mit uns zusammen, um gemeinsam Anrufungen und Aktionen für die Heilung der Erde, der Bewusstseinszustände und den Lebewesen auf der Erde durchzuführen. Ebenso aus der Zusammenarbeit mit vielen lieben Menschen, die uns beim weiteren forschen unterstützt haben und den Feedbacks der Menschen, die in unsere Seminare und für Beratungen zu uns kommen. Und letztendlich aufgrund der Bitte vieler Menschen, ob ich bereit sei, eine Kern-Essenz meines Wissens und meiner Erfahrungen für sie zusammenzufassen. Diesen Wunsch erfülle ich hiermit gerne.

Gedanken

Was wäre wenn...

jeder Mensch der ein Interesse daran hat, seine persönlichen Lebensumstände wie auch die auf der Erde in friedvolle und glückliche Umstände umzuwandeln, sich täglich mit der Frage beschäftigen würde, welchen Beitrag er oder sie dafür leisten kann?

Und was wäre wenn...

...so ein Mensch absolut ehrlich mit sich selbst, sich folgende Fragen stellt:

Wie viel meiner Zeit beschäftige ich mich mit wenig sinnvollen Dingen, mit Dingen die mir selbst und anderen, meiner persönlichen, der globale Entwicklung der Menschheit und der Erde nicht dienlich sind? Was habe ich heute dazu beigetragen, dass es den Menschen um mich herum besser geht? Wie viel meiner freien Zeit stelle ich dem Wohle aller zur Verfügung?

Wo, wie und für wen war ich dienlich im göttlichen Sinne? Und was habe ich für meine persönliche Entwicklung heute getan?

War ich wahrhaftig, habe ich zu mir und meiner Wahrheit gestanden und bin mir selber treu geblieben? Habe ich andere Menschen an meinem Wissen teilhaben lassen?

Was habe ich mir zur Gewohnheit gemacht, etwas das ich regelmäßig ausführe, jedoch keinen wirklichen Sinn enthält? Vielleicht aus Langeweile, zum Zeitvertreib oder einfach deshalb, weil ich nicht weiß wie ich meine Zeit sinnvoll nutzen kann...

Wenn wir uns mit diesen oder ähnlichen Fragen beschäftigen, uns darauf ausrichten wie wir, die diesen Wunsch nach glücklicheren Lebensumständen in einer friedlichen Welt haben, andere Menschen an unserem Wissen teilhaben lassen können, sei es über Bücher oder Berichte schreiben, Vorträge halten, Seminare geben oder ganz einfach in Gesprächen im Alltag. Wenn wir uns selbst mit den Dingen beschäftigen, die der Aufklärung bedürfen, darüber nachforschen, auf Lösungen ausgerichtet sind und sie somit auch finden...

...hat das viele Vorteile:

Zum einen erfüllen wir unsere göttliche Aufgabe, den Dienst am Menschen, zum zweiten sind wir beständig in unserer Aufmerksamkeit anstatt auf Probleme auf Lösungen ausgerichtet, und haben das Gefühl etwas sinnvolles auszuführen. Damit befinden wir uns in den göttlichen Energien der Inspiration, Konzentration, Disziplin, Lösungen und dem Dienen oder auch helfen. Wenn wir uns nur einmal jeden Tag diese Fragen stellen, wie oder womit wir dem göttlichen Plan und seiner Erfüllung dienlich sein können, dann stärken wir unsere göttliche Anbindung und die

Kommunikation mit unserem wahren göttlichen Wesen das wir sind und mit unserer göttlichen Familie. Wir erhöhen unsere Schwingung und beschleunigen damit unsere Entwicklungsstufen. Folglich streben wir zum erfüllen unserer individuellen Aufgabe für die wir hergekommen sind, erkennen den Sinn unseres Daseins und finden Erfüllung darin. Es ist der göttliche Dienst am Menschen-an unseren Geschwistern, die Erfüllung unserer Aufgabe für die wir hier sind. Wenn wir täglich damit weitermachen, dabei bleiben und uns nicht mehr davon abhalten lassen, wird sich mit jedem Tag mehr und mehr unser eigener individueller Seelenplan- unsere wirkliche Aufgabe - offenbaren. Dann wird dieses regelmäßige Handeln zur Gewohnheit. Zu einer Gewohnheit die Sinn macht, uns erfüllt und die Wandlungen auf der Erde in hohem Maße beschleunigen kann. Wie EL Morya einst sagte, dass eine Gewohnheit lediglich das beständige Wiederholen einer bestimmten Tätigkeit ist, bis eine Wirkkraft aufgebaut ist. Es könnte der Nachbar sein, der durch ein teilhaben an so einem Bewusstsein erwacht und er könnte der letzte sein der noch gefehlt hat, damit das Bewusstsein der neuen Zeit auf alle überspringt. Wie der Stein, der in den See geworfen wurde, Ringe bildet und diese sich immer weiter ausdehnen. Alles beginnt im Bewusstsein, zuerst in unserem eigenen. Dann ist es wichtig andere auf diese Bewusstseinswellen mitzunehmen, denn wie soll ein Mensch davon wissen, wenn wir uns lieber im schweigen üben statt hervorzutreten und wahrhaftig sprechen?

Warum wir hier sind oder der Sinn des Lebens

Der Mensch ist dafür bestimmt, ein Mitschöpfer Vater-Mutter-Gottes zu sein. Für das Ziel, die gegebene Lebensenergie beherrschen und lenken zu lernen und ihr eine bestimmte göttliche Qualität zu geben. Aus dem inneren Funken der Göttlichkeit eine Flamme der bewussten Meisterschaft entwickeln und die volle Meisterschaft über die Qualifizierung der Energie erreichen, so wie die Engel es bereits erreicht haben. Der göttliche Plan für die Erde sieht vor, dass die drei Reiche – Engelreich, Menschenreich und Elementarreich-harmonisch miteinander dienen lernen, um gemeinschaftlich die göttliche Vollkommenheit auf Erden erschaffen und erhalten zu können. Die Erde wurde erschaffen, um ein Wirkungsfeld für die Zusammenarbeit des Elementarreiches, den Engeln und den Menschen zu sein. Die Aufgabe der Elementarwesen ist Formen hervorzubringen, die Aufgabe der Engel ist die Form mit Gefühl zu beleben und die Aufgabe der Menschen ist Gedanken und Gefühle zu vereinen, um die geistige Form als eine Brücke zwischen den Welten in die physische Welt zu manifestieren. Diese drei Reiche werden betreut vom Maha Chohan. Das wichtigste und eigentliche Ziel ist, dass die Menschen einander wieder lieben lernen, ebenso alle göttlichen Schöpfungen. Vor kurzem übermittelte die göttliche Familie die Botschaft, dass es im Moment noch etwas viel Erwartung sei, dass die Menschheit einander wirklich wieder liebt. Dass jedoch gerade jetzt   ein wichtiger und wertvoller Schritt dem voraus geht-damit zu beginnen einander wieder achten und verstehen lernen. Darauf aufbauend wird und kann der folgende Schritt nur der in die Liebe sein. Ein weiterer Grund, warum wir die Inkarnation auf der Erde gewählt haben ist Unterscheidungskraft zu lernen. Geprüft werden wir immer über Situationen des täglichen Lebens, in unserem Alltag, am Arbeitsplatz, in der Familie, in allen Beziehungen, mit jedem Menschen der uns begegnet.

Alle Begegnungen und Begebenheiten dienen uns als tägliches Trainingsfeld, nutzen wir sie weise, erkennen wir darin unsere Chance auf Wachstum, Weiterentwicklung und Selbstmeisterung. Kommen Schwierigkeiten in unser Leben, zeigen sie uns dass eine Prüfung stattfindet, wie wir damit umgehen und was wir daraus machen. Wir können uns bewähren, indem wir uns auf Lösungen ausrichten und entsprechend unserer Aufmerksamkeit auch eine finden werden. Wir sind hier in Ausbildung, um Meister zu werden, bewusste Meister aller Lebensumstände, indem wir sie mit der Flamme unseres Herzens entsprechend regulieren können. Die göttliche Familie erinnert uns daran, unsere Aufmerksamkeit nicht darauf zu richten, ob wir uns als geeignet und qualifiziert genug erachten, einen bestimmten göttlichen Dienst anzunehmen und zu erfüllen, sondern uns die Frage stellen, ob wir diese Aufgabe wirklich von ganzem Herzen übernehmen wollen oder nicht. Können wir mit einem klaren Ja darauf antworten, ist als erstes eine gewisse Selbstdisziplin erforderlich, damit wir Meister unserer eigenen Energien werden.

Das wiederum bereitet uns auf unsere tatsächliche Aufgabe vor. Die göttliche Familie begleitet uns während unserer Inkarnation und hilft uns unsere Lernaufgaben zu durchlaufen, sie steht uns jederzeit zur Seite. Wir müssen sie jedoch in unser Leben rufen und sie einladen, damit sie diesen Dienst für uns leisten können. Sie befinden sich in der Ebene der Nichteinmischung und wir in der des freien Willens. Rufen wir sie um Hilfe an, sind sie auch für uns da. Ist eine Aufgabe erfüllt, entfernen sie sich wieder von uns.

So ist es sinnvoll, immer wieder an sie zu denken und sie erneut an unsere Seite zu rufen, wenn unsere nächste Entwicklungsstufe oder Aufgabe gemeistert werden will. Die Mitglieder der göttlichen Familie wünschen sich die Zusammenarbeit mit uns, dabei wollen sie, dass wir uns mit ihnen auf die gleiche Ebene begeben und aufhören uns klein zu machen. Vater-Mutter-Gott geht gerne gleichberechtigte Partnerschaften ein, so auch die göttlichen Boten. Über die Ebenen der Engel, Erzengel, aufgestiegenen Meister und Elohim hinaus gibt es viele göttliche Wesen mehr die zu unserer göttlichen Familie gehören und uns hilfreich unterstützen. Das wichtigste dabei ist, dass sie von den Menschen in Liebe und Dankbarkeit akzeptiert und mit einbezogen werden. Alle Mitglieder unserer göttlichen Familie kennen, oder alle in einem Buch zusammenfassen, dürfte kaum möglich sein. So habe ich für dieses Buch diejenigen ausgewählt die mir bekannt sind, mit denen wir auf unterschiedliche Weisen in Kontakt gekommen sind und die uns unterstützt und uns Hilfe gegeben haben.

Mögen die Leser/Leserinnen dieses Buches die göttliche Familie ebenso näher kennen-und fühlen lernen, und ihre Segnungen gleichermaßen empfangen und annehmen. Mögen sich darüber weitere geistige Partnerschaften mit der göttlichen Familie entwickeln, die für die Erfüllung des göttlichen Planes dienlich sind.

Die kosmischen Wesen Alpha und Omega

Alpha und Omega leiten die Zentralsonne des planetarischen Systems und der Galaxie die zur Erde gehören. Sie sind die Verwalter des kosmischen Gesetzes und seiner Ausführung, so wie es für die zur Erde gehörenden Galaxie anwendbar ist. Von ihnen wurden die Regeln aufgestellt, die von den Vertretern des Gesetzes-dem karmischen Rat-detailliert befolgt werden.

Sonnengott Helios und Sonnengöttin Vesta

Helios und Vesta sind Zwillingsflammen und leiten die Aktivitäten der Sonne, die als lebensspendendes und lebenserhaltendes Element zur Erde gehört. Von ihnen wurde der elektronischen Körper für die ICH BIN Gegenwart jedes Menschen zum Zweck einer Verkörperung gestaltet. Die stärksten göttlichen Eigenschaften von Helios sind Erleuchtung und, wie es aus seinem Namen abgeleitet werden kann, die Heilung. Die göttliche Eigenschaft von Vesta ist das Hervorbringen von Wahrheit. Sie ist bekannt als die erste Repräsentantin und Göttin der Wahrheit für das ganze System.

Die stillen Wächter/ Wächterinnen

Die stillen Wächter überwachen und beschützen einzelne Menschen, Menschengruppen, Regionen, Städte, Länder, Planeten und auch ganze Galaxien. Die stillen Wächter von Planeten magnetisieren die Erleuchtungsenergie und leiten sie in das äußere Bewusstsein derer, die bereit sind, außergewöhnliche Belehrungen auf einem der sieben Strahlen zu empfangen. Beispielsweise um Informationen und Aufklärung weiter zu geben, für Heilung und Betreuung, oder um göttliche Liebe heranzuziehen und auszustrahlen. Durch die Angehörigen der sieben göttlichen Strahlen leiten sie die heiligen Schöpfungs-Flammen in kraftvollen Aufladungen in die Bereiche, für die es erforderlich ist.

Immaculata

Die schweigende Wächterin der Erde

Immaculata bewacht, behütet und schützt die Lebewesen, die der Erde dienen und ist oberstes Mitglied der weißen Bruderschaft. Immaculata hat die Vision des vollkommenen Planes für die Erde gesehen, empfangen und in ihrem Herzen bewahrt. Ihre Aufgabe ist, diesen Plan aufrecht zu erhalten und sie projiziert diese Vision über das Bewusstsein des Herrn der Welt in die Bewusstseinsbereiche der unteren vier Körper der Menschen.

Das entwickelte Bewusstsein derjenigen, die für diese Schwingung empfänglich sind greift diese Vision auf, arbeitet auf ganz natürliche Weise nach dem eigenen können daran weiter, und manifestiert schließlich die Vision auf der Erde, als Segen und zum Wohle allen Lebens. Die planetarischen stillen Wächter werden aus der Gruppe der Elohim ausgewählt.

Kosmische Wesen

Kosmische Wesen sind aufgestiegene Meister und Meisterinnen die eine ganz spezielle Qualität verkörpern und repräsentieren. Sie haben nach ihrem Aufstieg gewählt, der Erde und der Menschheit in ihrer Entwicklung weiterhin zu dienen. Manche von ihnen haben zusätzlich für andere Planeten bestimmte Aufgaben übernommen.

Schutzgeister

Schutzgeister sind Wesenheiten, die bereits einen Entwicklungsprozess auf einem anderen Planeten durchlaufen haben. Sie sind ältere und weiter entwickelte Wesen, die aufgestiegen und auch unaufgestiegen sein können. Ein Teil von ihnen befindet sich heute noch als unaufgestiegene Wesen unter der Menschheit. Ihre Aufgabe ist den ursprünglich-reinen Menschen Hilfe und Unterstützung zu geben, die ihre eigene Entwicklung auf der Erde weiterführen wollen.

Einige von ihnen legten das Gelübde ab, ihren eigenen Aufstieg so lange hinauszuzögern, bis alle Menschen aufgestiegen sind.

Gebirgsgötter

Die bekanntesten Gebirgsgötter sind Lord und Lady Meru in den Anden und Lord Himalaya im Himalaya Gebirge. Diese Wesen können so groß wie das Gebirge selbst werden, sie überwinden die Schwerkraft, die Verwitterung und den Verfall mit der Stärke und Lebenskraft ihres eigenen Seins. Sie halten für göttliche Zwecke die Gebirgszüge aufrecht, beschützen sie und hüten das Wissen das dort bewahrt wurde. Die Gebirgsgötter und Göttinnen sind hoch entwickelte intelligente Wesen, Verkörperungen der göttlichen Liebe. Sie sind auch diejenigen, die einen Menschen in seiner Ausdauer prüfen, wenn er die Erhebung in das göttliche Bewusstsein wünscht.

Gott und Göttin Meru

Gott Meru und Göttin Meru sind die Hüter des rosa weiblichen Strahls für die Erde. Ihr Sitz ist das Anden Gebirge in Südamerika, wo sie gemeinsam die Lichtstätte, den Berg Meru leiten. Sie halten vereint die Kraft und Energie des weiblichen Strahls aufrecht, da der weibliche Strahl noch von besonderer Bedeutung in der Zukunft der Erde sein wird.

In den Anden tritt der rosa weiblich göttliche Strahl in die Erde bis zum Mittelpunkt ein und verschmilzt dort mit dem goldenen männlichen göttlichen Strahl zu einem mächtigen Kraftfeld. Lord Meru sieht seinen Dienst für den Menschen darin, ihm Erleuchtung für das äußere Bewusstsein zu geben, wie er am vollkommensten seinen göttlichen Weg gehen kann.

Der karmische Rat

Der karmische Rat setzt sich zusammen aus Lichtwesen der höchsten Ebenen. Er vertritt und verwaltet die Gesetze der Galaxie, die für die Erde Gültigkeit haben. Nach Beratung mit Alpha und Omega trifft er Entscheidungen, die dann endgültig sind. Darüber hinaus schaut der karmische Rat im Buch des Lebens nach, wie ein Mensch die Energien der letzten Verkörperung genutzt hat und welches „Karma" er erzeugt hat. Karma ist ein Sanskrit-Wort und bedeutet „Wirken" oder „Handeln". Der karmische Rat entscheidet daraus folgernd darüber, ob ein Lebensstrom die Erlaubnis für eine Wiederverkörperung erhält. Die göttliche Aufgabe des karmischen Rates besteht darin, Mittel und Wege zu finden, jede Seele bestmöglich anzuleiten, dass ihr die größtmögliche Chance und Hilfe eingeräumt wird, sich geistig zu entwickeln und Karma auszugleichen. Für ihr letztendliches Ziel, den Aufstieg zu erreichen. Der karmische Rat beobachtet das Bewusstsein jedes Menschen und hält in seiner Gnade den Bereich des Bewusstseins von stärkeren Auswirkungen zurück, die der Lebensstrom noch nicht ertragen könnte. Das kosmische Gesetz lässt nur den Teil des Bewusstseins eines Menschen zur äußeren Wirkung kommen, der auch von ihm ertragen werden kann. Der karmische Rat ist also, entgegen vieler Überzeugungen, in keinerlei Weise als ein strafendes Komitee zu betrachten, sondern er überwacht lediglich die Erfüllung des Gesetz des Karma. Indem er den Seelen dabei hilft, ihre Versprechen dem Licht gegenüber einzuhalten, und auszugleichen was die Konsequenz ihrer negativen Gedanken, Gefühle und Handlungen war.

Der Herr der Welt

Der Herr der Welt dient unter der Aufsicht von Helios und Vesta und überwacht die große weiße Bruderschaft. Er wirkt eng zusammen mit den Weltlehrern und dem karmischen Rat. Sanat Kumara war der erste Herr der Welt, inzwischen hat Lord Gautama dieses Amt übernommen. Dabei bleibt jedoch Sanat Kumara der Regent des Planeten Erde.

Ein Manu

Ein Manu ist ein Wesen, das die göttliche Vollkommenheit bereits erreicht hat. Als Manu, so wie ein Elternpaar für ihr Kind da ist, repräsentiert er die Gott-Elternschaft. Ein Manu dient unter der Aufsicht des Herrn der Welt und ist ein Wesen das an der Evolution der Menschheit beteiligt ist. Erreicht wird die Evolution-die geistige Entwicklungsphase einer Bevölkerungsgruppe-durch die sieben Wurzelrassen und deren sieben Unterrassen. Der Manu ist der Leiter einer Wurzelrasse und leitet die Inkarnation, die Entwicklung und den Aufstieg aller Mitglieder seiner Wurzelrasse. Jeder Manu ist ihr Führer und für sie verantwortlich.

Dieses Amt endet erst dann, wenn jeder einzelne Angehörige seiner Wurzelrasse erlöst und aufgestiegen ist. Bisher sind die ersten drei Wurzelrassen zusammen mit ihrem Manu aufgestiegen, von der vierten Wurzelrasse soweit es bisher bekannt ist, fast alle. Die übrigen Wurzelrassen sollten dem ursprünglichen Plan entsprechend ebenso bereits aufgestiegen sein, doch durch die verlangsamte Entwicklung der Menschheit war dies noch nicht möglich.

Ein Buddha

„Laufe nicht der Vergangenheit nach und verliere dich nicht in der Zukunft. Die Vergangenheit ist nicht mehr. Die Zukunft ist noch nicht gekommen. Das Leben ist hier und jetzt." - Buddha

Eine der Aufgaben eines Buddha besteht darin, das Energiefeld um einen Planeten lange genug aufrecht zu erhalten, um darüber die unteren vier Körper der Menschen zu nähren. Ein Wesen das dieses Amt bekleidet, hat außerdem die Aufgabe, hohe Schwingungen herunter zu transformieren und sie auf die Erde weiterzuleiten. Damit das Licht in allen Lebensströmen während ihrer Entwicklungsphase genährt, erweitert und aufrecht erhalten werden kann. Ein Buddha ist gefordert, immer den Weg der Mitte zu gehen und das Gleichgewicht zu halten, unabhängig von jeglichen Ereignissen der äußeren Welt. Lord Maitreya, der Gott der Liebe, hat dieses Amt als Nachfolger von Lord Gautama übernommen.

Der Weltlehrer

Der Weltlehrer fördert vorrangig die geistige Entwicklung der menschlichen Bevölkerung. Er dient unter der Aufsicht des Herrn der Welt und entwickelt die spirituelle Lehre die gerade am besten geeignet ist für einen bestimmten Ort oder Zeit. Die Einführung so einer Lehre wird zusammen mit dem Chohan erstellt, der für den entsprechenden Zeitraum von 2000 Jahren mit der Qualität seines göttlichen Strahls die Leitung hat. Für die Erde ist es aktuell der aufgestiegene Meister St. Germain mit den Qualitäten des siebten göttlichen Strahls.

Ein Avatar

Ein Avatar ist ein aufgestiegener Meister der bereits vor seiner Mission sein Karma vollständig erlöst hat. So wie der aufgestiegene Meister Jesus Christus. Er hat die Aufgabe Vater-Mutter-Gott auf Erden zu repräsentieren. Der nächste Avatar soll Repräsentant des Chohans vom siebten Strahl sein, durch den die Essenz und Qualität des siebten Strahls auf der Erde zum Ausdruck kommen soll. Bisher war es nicht möglich dass der neue Avatar zur Erde kommt, da die Menschheit sich zu langsam entwickelt hat. Der erste Avatar der auf die Erde gesandt wurde war Krishna.

Die große weiße Bruderschaft

Die weiße Bruderschaft besteht vorwiegend aus den Wesen der aufgestiegenen Meister-Ebene und wurde von Sanat Kumara ins Leben gerufen. Die Bezeichnung weiß steht für die Strahlung des Energiefeldes in der physischen Ebene, bezüglich derer, die für geistiges verstehen weit genug entwickelt sind. Alle Mitglieder der weißen Bruderschaft waren physisch inkarniert, haben während ihrer Lebzeiten auf Erden die Beherrschung der Lebensenergie gemeistert und diese Ausstrahlung auf ihr Umfeld ausgedehnt. Sie alle hatten spezielle Missionen, folgten unbeirrt ihrem Weg und Ziel und durchliefen verschiedene Einweihungsstufen. Alle erreichten schließlich die höchste Stufe der Einweihung - den Aufstieg - und machten sich zur Aufgabe, Erde und Menschheit beim erreichen ihres Aufstiegs zur Seite zu stehen. Ihr Ziel ist, die geistige Natur in jedem Wesen zu entwickeln und das göttliche Licht der Wahrheit durch jeden noch unaufgestiegenen Lebensstrom auf der Erde auszudehnen. Die geistige Entwicklung muss sich immer aus dem Bewusstsein eines jeden Menschen vollziehen, das dafür benötigte Licht kommt durch die Herzen der Menschen.

Der Weg in die Meisterschaft geht immer über den Weg der Selbstmeisterung. Aus diesem Grund wird die weiße Bruderschaft den Menschen beständig zur Seite stehen, ihnen Unterstützung und Hilfe geben. Doch niemals werden und dürfen sie Aufgaben für sie ausführen oder ihnen etwas abnehmen, da es ihrer

Entwicklung dient. Sie sind verpflichtet den individuellen Lebensplan und den göttlichen Plan zu achten und sich niemals ungefragt einzumischen.

Aufgestiegene Meister/Meisterinnen

Sie sind Wesen die genauso wie die Menschen auf der Erde verkörpert waren. Solch ein Wesen hat seine Meisterschaft erreicht, ist aufgestiegen in die höheren Dimensionen und hat sich damit vom Kreislauf der Wiederverkörperung befreit. Dort hat es sich dazu entschlossen die Verbindung zur Erde aufrecht zu erhalten und der Menschheit in ihrer Entwicklung und beim eigenen Aufstieg zu helfen. Die Aufgestiegenen Meister und Meisterinnen kommen nur dann, wenn sie eingeladen sind, verlassen einen Menschen wenn er fertig ist mit seinem Dienst und sind wieder an seiner Seite, wenn sie bewusst dazu aufgefordert werden. Die aufgestiegenen Meister und Meisterinnen haben die Menschheit und die Erde schon sehr viele Zeitalter lang davor geschützt, dass sie sich selbst durch den Gebrauch zerstörerischer Kräfte und Möglichkeiten - physisch wie geistig - zerstört. Und das ist auch heute noch so. Sie unterstützen die Anrufungen und Gebete die von den Menschen gesprochen werden und helfen bei deren Verwirklichung. Den freien Willen gibt es immer für beide Absichten - gute wie ungute- da sie diesen achten müssen, dürfen sie sich nicht einmischen und können nicht verhindern, dass Ereignisse von destruktiver Kraft entstehen. Wenn jedoch ein inkarnierter Lebensstrom sie dazu auffordert, gibt es ihnen die Erlaubnis einzugreifen und beim umwandeln bestehender destruktiver Energien ihre Kraft und Unterstützung einzusetzen. Immer in dem Maße, wie es ihnen vom göttlichen Gesetz erlaubt ist und wie bewusst und beständig ihre Hilfe eingefordert wird.

Die inkarnierten Seelen auf der Erde haben zugestimmt, dass sie die Erde als Lernplaneten nutzen um ihre Selbstmeisterschaft zu erreichen. So muss jedes eingreifen der Meister, dass möglicherweise vom kosmischen Gesetz abweichen würde, vom karmischen Rat genehmigt werden. Liegen außergewöhnliche oder dringende Gründe vor, wird die Erlaubnis erteilt. So müssen auch die Meister/Meisterinnen, genauso wie wir Menschen, sich an die kosmischen Gesetze halten. Selbst in den höheren Reichen sind die göttlichen Wesen nicht „fertig" mit ihrer Weiterentwicklung, auch die aufgestiegenen Meister und Meisterinnen durchlaufen weitere Entwicklungsstufen, gerade durch ihren Dienst für die Menschheit und die Erde. Für sie sind es genauso Lebenserfahrungen wie für den Menschen, an denen sie wachsen. Wir können es als eine gemeinsame Entwicklung mit ihnen betrachten. So wie wir ihre Unterstützung und Hilfe brauchen, brauchen auch sie die unsere. Steigt beispielsweise ein Planet mit seinen Bewohnern auf, steigen auch alle in den höheren Reichen weiter auf und gehen eine Ebene weiter.

Der Maha Chohan

Maha Chohan bedeutet „Großer Herr der Strahlen". Er ist die Führungspersönlichkeit und der geistige Vater der Chohane der sieben göttlichen Strahlen. Seine Zwillingsflamme ist Pallas Athene, die Göttin der Wahrheit. Maha Chohan ist der Vertreter des dritten Aspekts Gottes, dem Heiligen Geist, auch als die Liebe in Tätigkeit bezeichnet. Jene Energie, die als reines weißes Licht von der Sonne angezogen wird und alle göttlichen Eigenschaften in sich trägt. Der Maha Chohan wiederum verkörpert alle diese Eigenschaften in sich und dehnt sie weiter aus. Er hilft der Menschheit bei ihrer Entwicklung der göttlichen Gefühle. Darüber hinaus gibt der Maha Chohan den ersten Atemzug einem Menschen der geboren wird, und nimmt den letzten Atemzug eines Menschen in Empfang, der seinen Körper ablegt und die Erde wieder verlässt. Auch das Elementarreich unterliegt als Leiter des Naturreichs seiner Verantwortung. Einer seiner göttlichen Dienste ist das Spenden von Trost, dies ist ihm möglich da er mit allem Leben fühlen und es verstehen lernte - Göttliches und Gefangenes. Ein weiteres Amt des Maha Chohan ist, die kosmische Verbindung herstellen zwischen dem inneren göttlichen Menschen und seinem „äußeren" menschlichen Gehirnbewusstsein, sowie das aufnehmen und weiterleiten der Energiekraft der Sonne in die Erde und allem Leben auf ihr.

Der Maha Chohan sieht seinen göttlichen Dienst in seiner Verantwortung, dass jeder Mensch auf der Erde die Meisterschaft und Kontrolle über das Selbst erreicht und ihnen dies in ihr Bewusstsein bringt. Sein größter Wunsch ist, Möglichkeiten zu bekommen, um Menschen zusammenzuführen die eine Seelenverwandtschaft haben. Menschen, deren Energien und Ziele in beständiger Harmonie so im Einklang schwingen, dass er durch sie göttliche Kräfte strömen lassen kann, die Energie aufbauend und ausdehnend wirken. Der Maha Chohan leitet alle Gruppen und Gemeinschaften, die mit der aufgestiegenen Meister Ebene zusammen arbeiten.

Ein Chohan

Chohan bedeutet „Herr der Strahlen" und bezeichnet das Amt aufgestiegener Meister und Meisterinnen als Leiter eines göttlichen Strahls. Im Rhythmus von 2000 Jahren ist ein bestimmter Strahl auf der Erde vorherrschend, aktuell ist es der siebte Strahl. Der Leiter dieses Strahls hat während dieser Zeitperiode die Autorität für die Entwicklung der Erde und allem Leben auf ihr. Folglich auch für den Aufstieg der Erde.

Die Engel

Die Engel wirken unter der Aufsicht der sieben Erzengel und wurden auserwählt, den Menschen zur Seite zu stehen um die Liebe Vater-Mutter-Gottes auf sie auszustrahlen. Die Engel sind intelligente, von Vater-Mutter-Gott erschaffene Gefühls-Wesen, um spezielle Dienste zu erfüllen.

Sie repräsentieren die Liebe und sind die Verkörperung der Gefühle Vater-Mutter-Gottes in Lichtkörpern. Die Engel übertragen die göttlichen Gefühle, indem sie diese aufnehmen, halten und dann in die Erdatmosphäre oder das Energiefeld eines Menschen ausstrahlen. Sie tragen den Glauben in die physische Welt, berühren die Aura der Erdenbewohner und bringen ihnen Hoffnung und Mut. Absoluter Glaube und Vertrauen in die göttliche Macht der Liebe, um alles zu vollbringen, entspricht ihrer Gefühlsnatur. Die Engel fühlen sich von Lebensströmen angezogen die an ihre Existenz glauben, harmonische Gefühle pflegen, sie mögen Ordnung, harmonische Musik, schöne Blumen und Düfte. Der Glaube an ihre Existenz erfüllt die Engel in ihrem Dienst mit Freude. Hatte ein Mensch die Gelegenheit, sich selbst die Wirklichkeit der Engel ohne jeden Zweifel zu beweisen, trägt er diesen Glauben in seinem Energiefeld und strahlt ihn auf andere aus. Die Wichtigkeit des Dienstes der Engel wird noch häufig verkannt. Ohne die Engelscharen würde kein Planet am Leben bleiben und seine göttliche Bestimmung erfüllen können.

Wenn die Engel-Legionen einen Planeten verlassen, weil seine Energie zu verdichtet wird, beginnt seine Auflösung. Hat ein Planet noch eine Form und hört auf, Liebe auszustrahlen, ziehen sich die Engel zurück. Lernt der Planet wieder Liebe auszustrahlen, nähern sich auch die Engel wieder. Die Engel sind machtvolle Helfer und sehr wirksame Wesen für die Erlösungsvorgänge. Das annehmen und das danken für ihre Gegenwart ist ein bedeutungsvoller Teil dieses Vorgänge. Die Engel haben die volle Meisterschaft über die Qualifizierung der Energie bereits erreicht, sie schwingen in höchster Geschwindigkeit.

Die Erzengel

Die sieben Erzengel sind von der Zentralsonne unseres Systems gekommen und leiten die göttlichen Engelscharen, die über die spirituelle Natur der Menschheit wachen und sie nähren. Sie bringen vorrangig die Gefühle Vater-Mutter-Gottes zum Ausdruck und nähren die Menschheit damit. Von ihnen werden die Engel-Legionen angeleitete um ihre speziellen Dienste auszuführen. Jeder der sieben Erzengel manifestiert eine bestimmte Eigenschaft von einem der sieben göttlichen Strahlen und dehnt diese weiter aus. Die sieben Erzengel hatten vor den Chohanen die Leitung der göttlichen Strahlen.

Der persönliche Engel des Dienens

Jeder Mensch hat einen persönlichen Engel des Dienens, der ihn schon Jahrtausende begleitet, und beständig bemüht ist „seinem" Menschen Hilfe und Unterstützung zu geben. Er ist ein natürlicher Übermittler von Heilung und Frieden und hat die Aufgabe, dem Menschen beizustehen sobald er verkörpert ist und seine Gedanken-und Gefühlswelt aktiv ist. Die meisten Menschen nennen ihn ihren Schutzengel. Der Engel des Dienens braucht eine ausgeprägte Konzentration. Wenn ein Mensch schläft und sein Bewusstsein noch aktiv ist, kann es disharmonische Erfahrungen auf der „psychischen" Ebene machen, und erschafft unbewusst zerstörerisches Karma. Eine der Verpflichtungen unseres Engels des Dienens ist, diesen Menschen zu überwachen und sofort zu handeln, um diese Energien zu neutralisieren und während er so ein Karma erschafft, soviel Energie des Friedens wie möglich für ihn zu erhalten. Dieser Engel hilft dem Menschen dabei, dauernden Frieden zu bewahren, ungeachtet jeglicher menschlicher Erscheinungen oder erschwerender Umstände im täglichen Leben. Ohne diesen persönlichen Engel hätten sich viele Lebensströme schon selbst-zerstört. Besonders ihm sollte der Mensch sich bewusster werden, ihm täglich einige Minuten Aufmerksamkeit geben und ihm danken, damit er seine Hilfe auch annehmen kann.

Das Reich der Bey

Dieses Reich ist ein Brennpunkt in unserem Sonnensystem, der die Kraft der Seraphim und Cherubim in einem beständigen Strom von Frieden ausstrahlt. Der Lord der Bey ist der aufgestiegene Meister Serapis Bey, der in diesem Kraftzentrum mit seiner Bruderschaft wirkt. Serapis Bey ist ein verkörperter Seraphim, ebenso Erzengel Michael.

Die Seraphim

Ihr Name leitet sich ab vom hebräischen Wort „saraph", was so viel wie „brennen" bedeutet. Sie werden daher auch die „Entflammenden" oder auch die „Brennenden" genannt, weil ihr Licht eine sehr mächtige Strahlung aufweist und sie das Licht Gottes absorbieren können. Die Seraphim sind Strahlungszentren bestimmter Eigenschaften Vater-Mutter-Gottes, die von ihnen behütet, vermehrt und dahin getragen werden wo sie gebraucht werden. Die seraphische Natur entspricht großer, reiner Liebe und sie wirken beständig zusammen mit den Elohim an der Erschaffung von Planeten und deren spirituellen Zentren.
Sie haben die Fähigkeit, Informationen durch verschiedene Ebenen und Dimensionen so weiter zu tragen, dass sie überall verstanden werden. Darin erfüllen sie eine Vermittler- oder auch „Übersetzerfunktion".
Die Seraphim sind göttliche Boten, die jenen, die wachsam genug sind, ihre Weisungen und Botschaf-

ten aus den höheren Reichen bringen. Dabei befassen sie sich jedoch nicht mit der Annahme ihrer Botschaften durch die Menschen, diese Aufgabe hat Erzengel Michael mit seinen Legionen übernommen. Die Seraphim haben drei Flügelpaare.

Die Cherubim

Ihr Name bedeutet so viel wie „Fülle der Weisheit" und sie haben niemals in den niederen Sphären gewirkt. Die Cherubim bleiben immer oberhalb der Schwingungen von Missklang jeglicher Art.

Sie sind Engelwesen, die pure Energiekraft verkörpern und sind liebende Beschützer von Einzelpersonen und Gemeinschaften, die auf der Erde etwas Positives verwirklichen wollen. Manche der Cherubim wachen über positiv aufgebaute Energiefelder über Kirchen und Krankenhäusern. Die Cherubim sind auch für das Kraftfeld einer Gruppe verantwortlich, welches entsteht und sich aufbaut durch gemeinsame göttliche Dienste. Sie helfen dabei, es mit noch mehr Kraft zu beleben, weiter auszudehnen und aufrecht zu erhalten. Die Cherubim haben eine direkte Verbindung mit den vier Elementen.

Die Elohim

Die sieben Elohim sind mächtige Schöpfer-Wesen der göttlichen Liebe, die sich dazu bereit erklärten, Sonnengott Helios und Sonnengöttin Vesta dabei zu helfen, die göttliche Idee für dieses Sonnensystem in die Manifestation zu bringen. Sie waren die ersten göttlichen Wesen, die an der Erschaffung der Erde beteiligt waren. Die Elohim sind die Vertreter und Lehrer des Gesetzes der Präzipitation, das aus sieben Schritten besteht. Sie sind die Formenerbauer, die eine ätherische Form, aus Gedanke und Gefühl geboren, in perfekter Manifestation in eine physische Form bringen. Die Elohim gestalten Planeten aus elementarer Lichtsubstanz und so erschufen sie auch den Planeten Erde.

Sie haben in ihrer Energie der Güte beschlossen, den Menschen ihr Wissen und die Mittel und Wege über das Erschaffen göttlicher Manifestationen darzulegen. Die Elohim erachten es als eine ihrer wichtigsten Aufgaben für die Menschheit, sie zu lehren wie sie sich aus den menschlichen Begrenzungen lösen können.

Dafür tragen sie in das menschliche Bewusstsein das Verständnis darüber, dass jede Hilfe und jedes Werkzeug nur dann von Dauer sein kann, wenn es aus dem eigenen Bewusstsein eines Menschen fließt. Ihr innigster Wunsch ist, dass die Menschheit ihr geistiger Partner wird, um gemeinsam die Manifestationen hervorzubringen, die der Erde und der Menschheit Segen und Vollkommenheit bringen.

Die Elohim bringen vorrangig die mentalen Eigenschaften Vater-Mutter-Gottes zum Ausdruck. Der Tempel der Elohim im Ätherreich sieht aus wie eine siebenfältige Lotusblume in sieben Farben.

Chohane, Erzengel, Elohim und ihre weiblichen Ergänzungen

Allgemein sind die weiblichen Kräfte bei den Choanen die Zwillingsflamme, bei den Erzengeln die Archai, und bei den Elohim die Göttliche Ergänzung.

Es gibt jedoch Ausnahmen, wie beispielsweise bei Erzengel Raphael und Mutter Maria, die Zwillingsflammen sind und gemeinsam auf dem fünften göttlichen Strahl dienen.

Die Erzengel sind für die Entwicklung der Gefühlswelt des Menschen zuständig, die Elohim für den mentalen Bereich, die geistige Entwicklung. Daher erreichen uns die Erzengel hauptsächlich über unsere Wahrnehmung des Fühlens und die Elohim über die Ebene unseres Geistes.

Die Chohane der 7 göttlichen Strahlen und ihre Zwillingsflammen

Die Zwillingsflammen sind leider nicht alle bekannt. Vermutlich ist ein Teil von ihnen inkarniert, während der andere die Leitung von einem der göttlichen Strahlen übernommen hat. Genauso wie Zwillingsflammen nicht oft zur gleichen Zeit am gleichen Ort inkarniert sind, erfüllen sie auch in den höheren Ebenen nicht unbedingt zur gleichen Zeit und am selben Ort einen gemeinsamen Dienst.

Jeder der sieben göttlichen Strahlen hat an einem bestimmten Tag der Woche eine spezielle und intensivere Ausstrahlung auf die Erde. Wenn der Wunsch besteht, in bestimmten Lebensphasen mit einem der Chohane einen besonderen Kontakt herzustellen, beispielsweise um eine Schulung für die jeweiligen Aufgaben zu erhalten, eignet sich dieser Tag besonders gut. Unterstützend kann auch sein, sich mit der Farbe des Strahls zu umgeben, von dem ein Mensch sich gerade besonders angesprochen fühlt oder von dem er gerade besonders viel Energie braucht. Kleidungsstücke, Bettwäsche, kleine Gegenstände wie Kristallherzen, Schmuck, Blumen usw. können dafür unterstützend wirken.

Auf jedem der göttlichen Strahlen dienen göttliche Wesen gemeinsam, um dabei zu helfen die jeweiligen Gottes-Eigenschaften der Strahlen in das Bewusstsein der Menschheit zu tragen und sie daran zu erinnern. Denn jede Seele hat vor ihrer Inkarnation die sieben Sphären durchlaufen und dort Ausbildungen absolviert. In manchen der Sphären hielt sie sich längere Zeit auf, in manchen Sphären für kürzere Zeit. In der Sphäre, deren Qualität einen Lebensstrom am meisten angesprochen hat, wählte er die längste Aufenthaltsdauer. Auf diesem Strahl ist eine Seele dann oft auch inkarniert. Manche Seelen entscheiden sich auch dort zu bleiben, um von dort aus zu dienen und verzichten auf eine Verkörperung. Das ist jeder Seele freigestellt.

Hier findet sich auch die Erklärung wenn von „auf einem der Strahlen dienen" gesprochen wird. Ist eine Seele von dort aus in die Verkörperung gekommen, findet sie oft als menschliches Wesen ein besonderes Interesse an einem der Strahleneigenschaften, arbeitet damit besonders gern und erkennt ihre Aufgabe darin. Ebenso erkennt ein Mensch dann auch Charakterzüge an sich selbst, die der Qualität seiner „Lieblings-Sphäre" entsprechen.

1. Strahl – Blau

Auf dem blauen Strahl dienen viele göttliche Wesen gemeinsam mit dem aufgestiegenen Meister El Morya, Erzengel Michael und Elohim Herkules. Sie helfen dabei, das Verstehen des göttlichen Willens im Bewusstsein des Menschen zu erweitern.

Eigenschaften: Kraft und Macht in großer Liebe, Schutz, Vertrauen, Initiative, göttlicher Plan, göttliche Ordnung, fokussierte Absicht; ausgerichtet am Ziel, löst und klärt alte Begrenzungen aus der Vergangenheit. Gesetz der Licht-Energie, Klärung alter Inkarnationen.

Chohan - Der aufgestiegene Meister EL Morya

EL Morya ist der Repräsentant des Willen Gottes und des Glaubens an seine Güte und Kraft. Die Eigenschaft des Glaubens und des Vertrauens sind tiefe innere Gefühle. EL Morya steht jedem zur Seite der den Willen Gottes-den göttlichen Plan-in die Erfüllung bringen will.

Er war verkörpert als Melchior, König Artus und der irische Prophet Thomas Moore. EL Morya Energien sind sehr aktive, kraftvolle Lebensströme für die Bewältigung hoher destruktiver Energien. Er lenkt mit seinen Helfern die Energie des göttlichen Willens in Form einer Flamme fortwährend durch die verdichtete Atmosphäre der Erde.

EL Morya gilt als „strenger" Lehrer wegen seiner Disziplin und ist bekannt für das direkte erreichen seiner Ziele, ohne Umwege. EL Morya sieht seinen göttlichen Dienst darin, sein Leben jenen zu weihen, die gewillt sind im geistigen Dienst beständig zu sein. Diejenigen, die mit ihm dienen bis die Erde und alle zu ihr gehörenden Entwicklungsreiche die Fülle und die Freiheit der neuen Erde geworden sind.

Der blaue Strahl hat seine intensivste Wirkung jeweils am Sonntag.

2. Strahl – Goldgelb

Auf dem goldgelben Strahl dienen viele göttliche Wesen gemeinsam mit dem aufgestiegenen Meister Konfuzius, Erzengel Jophiel und Elohim Cassiopea. Sie helfen dabei, das Verstehen der Wichtigkeit der Unterscheidungskraft im Bewusstsein des Menschen zu erreichen, indem sie das Bewusstsein des Menschen mit der Energie des goldgelben Strahls erleuchten.

Eigenschaften: Weisheit, Erleuchtung, Fortschritt, Unterscheidungskraft, Wahrnehmung. Der goldgelbe Strahl steht für das neue Zeitalter der Gemeinschaft. Das männliche und das weibliche Prinzip der Schöpfung verschmelzen in ihm. Gesetz „Wie Oben so Unten".

Chohan - Der aufgestiegene Meister Konfuzius

Konfuzius ist der Repräsentant von Gottes Erleuchtung und Weisheit. Vor ihm war Meister Lanto der Chohan dieses Strahls.
Zu Lebzeiten erreichte Konfuzius ein sehr hohes öffentliches Ansehen, das jedoch nicht lange anhielt. Er

begab sich in eine Zeit des Exils und er war bekannt dafür, dass er selbst in den unglücklichsten Momenten niemals seinen Mut und seine Gelassenheit verlor, sondern sie stets aufrecht erhielt. Konfuzius ist Meister der Lehre der Unterscheidungskraft, durch Selbstbeobachtung und absolute Wahrhaftigkeit mit sich selbst. Er lehrt den Menschen, sein Ziel mutig bis zur Vollendung zu verfolgen, Gewissenhaftigkeit und Aufrichtigkeit als wichtigstes Ziel anzustreben und dabei zu bedenken, dass diese bei und mit ihm selbst beginnt.

Von Konfuzius stammt das berühmte Zitat: „Was du nicht willst, das man dir tu', das füg' auch keinem anderen zu."

Der goldgelbe Strahl hat seine intensivste Wirkung jeweils am Montag.

3. Strahl – Rosa

Auf dem rosa Strahl dienen viele göttliche Wesen gemeinsam mit der aufgestiegenen Meisterin Rowena, Erzengel Chamuel und Elohim Orion. Sie helfen dabei, die göttliche Liebe in den Herzen der Menschen zu erwecken und hervorzubringen, um darüber dauernden Frieden für die Erde zu erschaffen und aufrecht zu erhalten.

Eigenschaften: Freiheit, Kreativität, Toleranz, Einheit, Glückseligkeit, Dankbarkeit. Ausstrahlen und aussenden von Liebe, Selbstkontrolle, Meisterung der Wünsche. Strahl der aktiven, kreativen Intelligenz. Gesetz der göttlichen Liebe.

Chohan - Die aufgestiegene Meisterin Lady Rowena

Rowena ist die Repräsentantin der göttlichen, bedingungslosen, gleich-gültigen Liebe ohne Unterschied. Sie verkörpert die Selbstermächtigung, die Weiblichkeit, und die Qualität des wahren inneren Fühlens.

Lady Rowena ist Meisterin im erlangen der Selbstliebe und der Freiheit, sie lehrt die Menschheit den

48

Weg des Herzens, wahren Selbstwert zu entwickeln und bringt sie der Göttinnen Energie näher. Sie war in der Zeit von Atlantis Priesterin im Tempel der Liebe und der Freiheit. Vor Lady Rowena war der Chohan des dritten Strahls der Meister Paul der Venezianer. Lady Rowena war verkörpert als Jeanne d'Arc, Marie Antoinette, und Maria Stuart. Sie wählte Verkörperungen, in denen sie intensiv die Gegensätze der Kräfte erfuhr, um letztendlich im Vertrauen an ihre innere Führung unbeirrt ihrem Weg zu folgen.

Rowena unterstützt die Menschen darin, das Vergangene loszulassen, sich selbst vergeben und alte Bindungen und Verträge lösen können, die nicht mehr dienlich sind. Ihre besondere Liebe gilt den Schöpfungen des Naturreichs, in deren Schönheit sie die Gegenwart der Göttin fühlt und sieht.

Der rosa Strahl hat seine intensivste Wirkung jeweils am Dienstag.

4. Strahl – Weiß

Auf dem kristallweißen Strahl dienen viele göttliche Wesen gemeinsam mit dem aufgestiegenen Meister Serapis Bey, Erzengel Gabriel und Elohim Claire. Sie helfen dabei, die von Menschen erschaffene, destruktive Energie zu ersetzen mit der Energie der göttlichen Reinheit. Sie wirken gemeinsam an der Erhöhung der Schwingungsfrequenzen von verdichteten Substanzen.

Eigenschaften: Reinheit, Klarheit, Disziplin, Wiederherstellung, Hoffnung, Schönheit, Kunst, wahre Demut, Aufstieg. Strahl der Harmonie durch Konflikt, ausdauernd aufwärts gerichteter Fokus. Gesetz der Schwingung.

Chohan - Der aufgestiegene Meister Serapis Bey

Serapis Bey ist der Repräsentant der Schönheit, Reinheit, Disziplin und Klarheit und wird auch „Herr der Liebe" genannt. Er ist der Leiter der Lichtstätte in Luxor und war einst als Seraphim verkörpert,
der sich entschieden hatte, den Menschen auf der Erde beizustehen. In der Zeit von Atlantis war er

Priester im Aufstiegstempel und ist heute der Hüter der Aufstiegsflamme. Serapis Bey war verkörpert als Phidias; der in Griechenland den Parthenon-Tempel zu Ehren von Pallas Athene errichtete, als **Pharao Amenhotep in Ägypten** und als der Spartaner König Leonidas - um zu zeigen was Disziplin bewirken kann. Serapis Bey war wesentlich an der Rettung der wertvollen Bücher aus der Bibliothek in Alexandria beteiligt. Gemeinsam mit den Seraphim und den Engeln von Luxor wirkt er für die Erde und die Menschheit.

Er ist bekannt für seine absolute Disziplin, die fälschlicherweise von einigen Menschen als Strenge wahrgenommen wird. Serapis Bey bereitet die Einweihungen für jeden vor, der den Weg seiner Entwicklung und Selbstmeisterung geht und diesen vollenden will. Diese Prüfungen finden im täglichen Leben als Gelegenheiten und Erfahrungen statt, und manche Menschen empfinden sie als sehr schwierig. Sie glauben dass sie über die Grenzen ihres Durchhaltevermögens hinaus geprüft werden, was in der Beschleunigung der erforderlichen Transformationen vom menschlichen Wesen zum göttlichen Bewusstsein begründet liegt.

Der kristallweiße Strahl hat seine intensivste Wirkung jeweils am Mittwoch.

5. Strahl – Grün

Auf dem smaragdgrünen Strahl dienen viele göttliche Wesen gemeinsam mit dem aufgestiegenen Meister Hilarion, Erzengel Raphael und Elohim Vista. Sie helfen dabei, der Menschheit aktive, andauernde Heilung in ihrer vollkommenen Kraft zu übermitteln. Sie verstärken das Hervorbringen von Wahrheit und unterstützen jeden Menschen der den Dienst eines Boten der Wahrheit auf der Erde erfüllen will.

Eigenschaften: Heilung, Wahrheit, Selbstermächtigung, Wissen, inneres Sehen. Strahl der konkreten Wissenschaft, der medizinischen Heilung, Heilung des Körpers - Liebe lässt Wunden heilen. Weihung des Lebens, Gesetz des Zyklus.

Chohan - Der aufgestiegene Meister Hilarion

Hilarion ist der Vertreter der Wahrheit und medizinischer Heiler. Für die Heilungtätigkeit arbeitet er eng zusammen mit Erzengel Raphael. Hilarion ist der Erbauer des Schulungstempels in den inneren Sphären der Erde, für die Seelen die ihren Körper abgelegt und die irdische Ebene verlassen haben. Er betreut diejenigen, die während ihrer Verkörperung ihren Glauben an das göttliche verloren haben. Er hilft ihnen die Enttäuschungen und Wunden ihres Bewusstseins und ihrer Gefühle heilen und sie so weit wiederherzustellen, dass der Wunsch nach geistiger Entwicklung erneut in ihnen entflammt werde. Hilarion war einer der Priester der Wahrheit in den Zeiten von Atlantis und war verkörpert als Apostel Paulus. Hilarion unterstützt jeden Menschen der aufrichtig die Wahrheit sucht.

Er hilft den Menschen seinen Verstand mit dem Herzen in Einklang zu bringen, mit dem Herzen zu „denken". Er möchte das Bewusstsein der Menschen erreichen, damit ihnen klarer wird dass jeder Mensch persönlich verantwortlich ist für alle Eigenschaften, mit denen er bewusst oder auch unbewusst seine Energien nährt.

Der smaragdgrüne Strahl hat seine intensivste Wirkung jeweils am Donnerstag.

6. Strahl – Rubinrot

Auf dem rubinrot-goldenen Strahl dienen viele göttliche Wesen gemeinsam mit der aufgestiegenen Meisterin Lady Nada, Erzengel Uriel und Elohim Tranquility. Sie helfen dabei, den Wunsch nach Hingabe, unpersönlichem Dienen und Frieden im Bewusstsein der Menschen zu verstärken und seine Erfüllung anzustreben. Darüber hinaus übermitteln sie dem menschlichen Bewusstsein die Wichtigkeit der Unterscheidung von Mitleid und Mitgefühl.

Eigenschaften: Liebe, Weiblichkeit, in Hingabe dienen, Dankbarkeit für Erfahrungen die dem Wachstum dienen und Frieden. Der rubinrote Strahl des Mitgefühls wirkt speziell auf das Solarplexus Chakra und befreit von altem Groll gegen sich selbst. Gesetz des Kreislaufs.

Chohan – Die aufgestiegene Meisterin Lady Nada

Zwillingsflamme - Meister Jesus Christus

Lady Nada ist die Repräsentantin der Nächstenliebe, des Friedens, des Mitgefühls und der Hingabe.

Lady Nada ist die Göttin der Liebe und sie ist Mitglied im karmischen Rat. Vor ihr war der aufgestiegene Meister Jesus Christus Chohan des sechsten Strahls. Lady Nada ist Meisterin im entwickeln göttlicher Liebe, die Ausbildung dafür erhielt sie von Archai Charity. Im Anschluss daran wurde sie vom aufgestiegenen Meister Serapis Bey in seinem Tempel in Luxor geschult. Sie ist Botin von Lord und Lady Meru und war verkörpert als Maria Magdalena und Klara von Assisi. In der Zeit von Atlantis war sie Tempel-Tänzerin zu Ehren der Göttin. Eine ihrer Aufgaben ist, geistigen Gemeinschaften auf der Erde ihre Unterstützung zu geben und Brennpunkte der Liebe zu erschaffen, als Schutz vor Prägungen von persönlichen Unvollkommenheiten die sich störend einmischen. Lady Nada sendet Heilströme zur Menschheit und ihr göttlicher Dienst besteht darin, die Talente und alles vorhandene Positive in anderen zu verstärken und zu fördern, indem sie göttliche Liebe in ihre Herzen strömen lässt. Damit aktiviert sie den individuellen göttlichen Plan eines Menschen und bringt ihn stärker hervor. Lady Nada übermittelt den Menschen die Botschaft, wie wichtig die Selbstannahme und der mitfühlende Umgang mit sich selbst und anderen ist, um das Gefühl von Geborgenheit im eigenen Sein wieder wahrzunehmen und aufrecht zu erhalten.

Der rubinrot-goldene Strahl hat seine intensivste Wirkung jeweils am Freitag.

7. Strahl – Violett

Auf dem violetten Strahl dienen viele göttliche Wesen gemeinsam mit dem aufgestiegenen Meister St. Germain, Erzengel Zadkiel und Elohim Arcturus. Sie helfen dabei, überall wo sich Energien des Missklangs und der Disharmonie befinden, diese mit der transformierenden und umwandelnden Eigenschaft ihres Strahls und der violetten Flamme zu bereinigen und umzuwandeln.

Die Wesen des siebten Strahls brauchen für die Erfüllung ihres Dienstes mehr als alle anderen Strahlen die Unterstützung von Menschen, die bereit sind die violette Flamme in Aktion zu rufen und anzuwenden.

Eigenschaften: Strahl der Transformation, zeremoniellen Ordnung, Organisation, Diplomatie, Vergebung, Hingabe, Kultur, Reinigung und Freiheit. Gesetz der Umwandlung.

Chohan – Der aufgestiegene Meister
St. Germain

Zwillingsflamme - Lady Portia

St. Germain ist der Repräsentant der Freiheit und der Befreiung, Er ist der Hüter der Aktivität der violetten Flamme, der Anrufung und der Zeremonie. St. Germain wird auch der Lichtfürst der Erde genannt, für den nächsten 2000 Jahres-Zyklus, in dem wir uns jetzt befinden. Er übernahm die Verantwortung, die Erde von allen Schatten, von Selbstsucht und Versklavung zu befreien. Dafür wählte er eine große Zahl von Verkörperungen, um darüber eine stärkere Verbindung zur Erde aufrecht erhalten zu können. Er war es, der die ICH BIN Aktivität gründete und diese Lehre für die Menschheit verbreitete. St. Germain war auch wesentlich beteiligt am Entwurf der Unabhängigkeitserklärung. Zusammen mit El Morya und mit Unterstützung von Lady Nada leitet er den Aufstieg der Erde. Darüber hinaus hat St. Germain die Aufgabe das Engelreich und das Reich der Menschen für die neue Zeit miteinander zu vereinen. In der Zeit von Atlantis war er Priester im Tempel der Reinigung durch das violette Feuer. Einige seiner Verkörperungen waren Joseph; der irdische Vater von Jesus, Christoph Columbus, der griechische Philosoph Proklos, der Zauberer Merlin; zur Zeit von König Arthus, und Francis Bacon; von dem die Shakespeare-Werke geschrieben wurden.

St. Germains größter Wunsch ist, möglichst viele geistige Partner zu erreichen, so dass die Erde zum Heiligen Stern der Freiheit aufsteigt.

Lady Portia

Lady Portia repräsentiert den siebten göttlichen Strahl, sie ist die Göttin der Gerechtigkeit und der Gelegenheit. Lady Portia ist Mitglied und Sprecherin im karmischen Rat und die Vertreterin der Gerechtigkeit für die Erde. Sie vereint in Vollkommenheit in sich die Aspekte der dreifaltigen Göttin; Geburt-Leben-Tod. Lady Portia überwacht die Entwicklungsstufen des Menschen und führt ihn über die Schwelle in neue Lebensphasen hinein. Wenn ein Mensch bereit ist, ist sie es, die seine Prüfungen und Einweihungen begleitet, überwacht und führt. In der Zeit von Lemurien war sie Priesterin im Tempel der Weiblichkeit und war verkörpert als Morgan Le Faye, die Schwester von König Arthus. Ihr Herzenswunsch ist, die vollkommene Befreiung der göttlich weiblichen Energien zu erreichen und das Gleichgewicht der männlich-weinblichen Energien wieder herzustellen.

Der violette Strahl hat seine intensivste Wirkung jeweils am Samstag.

Die Erzengel und ihre Archai

1.Strahl - Erzengel Michael und Archai Faith (Glaube)

Sie beide wirken in enger Zusammenarbeit mit
Elohim Herkules

Erzengel Michael

Erzengel Michael ist der Leiter der Engel-Legionen
und der Erzengel. Er hat sich entschlossen, der
Schutzherr des Menschen in seinem Glauben an Vater-Mutter-Gott zu sein, und wird auch Engel der
Befreiung genannt. Er schult Lebensströme die ihre
Beherrschung ihrer Gedanken-und Gefühlszentren
verloren haben, so dass sie diese wieder unter göttliche Kontrolle bringen. Darüber hinaus ist er auch der
Leiter der Legionen von Schutz-Wächter-und Vertei-
digungsengeln, mit denen er regelmäßig im Astral-
reich wirkt, um dort alles Negative wie beispielsweise
Hass, Neid und Angst aufzulösen. Erzengel Michael
und seine Helfer sind beständig in der Tätigkeit der
Gnade, Rettung und Erlösung aktiv. Seine Engel-
Legionen werden von ihm ausgesendet, um den

Menschen zur Hilfe zu kommen, damit sie sich selbst von den Lebensumständen befreien können, die sie in ihrer geistigen Entwicklung hindern. Er ist auch derjenige, der jede Seele empfängt, wenn sie aus dem Leben geht, sie reinigt und an einen Ort bringt, an dem sie sich weiter entwickeln kann. Erzengel Michael ist bereit, jedem auf der Erde inkarnierten Lebensstrom seinen Schutz zu geben. Er behütet den göttlichen Funken im Herzen der Menschen und bringt überall wo es ihm möglich ist Vollkommenheit hervor, um alles gefangene Leben zu befreien. Erzengel Michael und seine Engel-Legionen verfügen über die spezielle Fähigkeit in der Ebene der Gedanken,- Gefühls-, und Ätherkörper zu wirken.

Faith verkörpert die Gottes-Eigenschaft des Glaubens, die in jedem menschlichen Herzen vorhanden ist. Faith unterstützt den Menschen darin, an seine noch verborgenen Fähigkeiten, die zu einem bestimmten Zeitpunkt für ihre Entwicklung bereit sind, vorzudringen und sie anzuwenden. Ohne Visionen wäre die Menschheit verloren, deshalb sieht Faith ihren göttlichen Dienst darin, Hilfe und Unterstützung dabei zu geben, die Vision und den Glauben aufrecht zu erhalten. Sie stärkt den Glauben und die Vision im Herzen der Menschen. Ihre Ausstrahlung ist eine Kraft, die auffordert, unbeirrt dem eigenen Weg zu folgen und die Handlungen auszuführen, die dem wahren Sein und dem individuellen Weg entsprechen.

2. Strahl - Erzengel Jophiel und Archai Constance (Beständigkeit)

Erzengel Jophiel ist der Engel der Erleuchtung und der Geduld, er ist der Lehrer der Engel und leitet ihre Ausbildung. Jophiel schult alle Lebensströme, die ihr Verständnis vom Leben und des kosmischen Gesetzes erweitern wollen und bereit sind zum lernen und lehren. Erzengel Jophiels göttlicher Dienst besteht darin, die Einsicht und das Verständnis solch eines Lebensstromes so zu erweitern, dass er an seinen innersten Kern vordringt, und schließlich darin erkennt dass in ihm selbst die Kraft des Lichtes liegt. Unabhängig davon, zu welchem Reich er gehört. Dabei verfolgt Jophiel das Ziel, dass so jemand in einer höheren Funktion mit größerer Wirksamkeit dem göttlichen Plan dienen kann. Erzengel Jophiels Helfer schulen die Engel darin, wie sie die Liebe und Kraft ihres Lichtes ausdehnen können. Des Weiteren unterrichten sie die Menschen, die ein Lehrer werden möchten. Erzengel Jophiel war der erste Weltlehrer für die Erde.

Constance verkörpert die Beständigkeit. Sie hilft dabei, im Bewusstsein all jener, die dafür bereit sind, den Wunsch zum dienen fester in sich zu verankern. Sie lehrt den Menschen, wie er dafür die Aktivitäten der Christus-Flamme in seinem Herzen anfachen kann, um bis zum Erreichen seines Ziels durchzuhalten. Ihre Ausstrahlung bewirkt im Menschen die Entwicklung der Fähigkeit des „direkten Wissens".

3. Strahl - Erzengel Chamuel und Archai Charity (Mildtätigkeit)

Erzengel Chamuel ist der Erzengel der Liebe, der Verehrung und der Hingabe an Vater-Mutter-Gott. Er dient mit Archai Charity auf dem dritten Strahl, der hauptsächlich darauf ausgerichtet ist, die Gefühlswelt aller, die auf dem Wege sind, mit Liebe zum Dienst zu beleben und dass sie ihren Weg mit Freude gehen können. Damit entsteht in der Erfüllung der Aufgaben keine Leere oder Erschöpfung. Chamuel ermutigt die Menschheit, die göttliche Flamme, die in ihren Herzen verborgen liegt zu entfalten. Er unterstützt und verstärkt durch die natürliche Aktivität des dritten Strahls-der Vervielfältigung- dass sich das positive im Menschen ausdehnt. Der einfachste Weg dies selbst zu erzeugen ist das pflegen von Dankbarkeit.

Erzengel Chamuel hat sich gemeinsam mit Charity der Aufgabe gewidmet, im äußeren Bewusstsein der Menschheit den wahren Sinn der Dankbarkeit und

Verehrung für den Ursprung – Vater-Mutter-Gott – zu entwickeln oder wieder zu entdecken.

Charity verkörpert die Eigenschaft der vergebenden Liebe. Sie bezeichnet wirkliche Vergebung als keinen intellektuellen Vorgang, sondern als ein intensives inneres Gefühl. Ihre Ausstrahlung ist die der magnetischen Kraft der Liebe, die fließen will, um alles heilen und erneuern zu können. Sie war Lady Nadas Lehrerin, brachte ihr selbstlose Liebe bei, und wie sie bewusst aufrecht erhaltene Harmonie ins Dasein bringen, sie erhalten und ausdehnen kann. Einzig durch die Strahlung reiner göttlicher Liebe. Erzengel Chamuel und Charity hüllen alle Menschen in ihre rosa Strahlung ein, die ihren Dienst darin sehen die Menschheit aus dem Leid in die Freiheit zu erheben.

4. Strahl - Erzengel Gabriel und Archai Hope (Hoffnung)

Sie beide wirken gemeinsam mit der Frühlingsgöttin Amaryllis, um jedes Jahr erneut die Pracht des Frühlings – die Auferstehung der Natur- hervorzubringen.

Erzengel Gabriel ist der Engel der Verkündung und Erleuchtung. Er ist derjenige, der den Menschen freudige Botschaften überbringt. Gabriel hält das ursprüngliche, göttliche Konzept der Vollkommenheit des Menschen aufrecht. Er betrachtet es als seine Aufgabe, das Bewusstsein von Meisterschaft im Menschen wieder zum Leben zu erwecken, so wie es der göttliche Plan für die Bewohner der Erde vorgesehen hat. Erzengel Gabriel erinnert den Menschen daran, dass er das Feuer der Unsterblichkeit-die dreifältige Flamme- in seinem Herzen trägt, und dass sie entfacht werden will.

Hope wird auch der „Geist der Auferstehung" genannt. Ihre Aufgabe besteht darin, dem menschlichen Herzen Hoffnung zu geben, dass andere, bessere Zeiten kommen werden.

Hope übermittelt den Menschen die Kraft der Hoffnung und veranlasst sie, ungeachtet aller menschlichen Schöpfungen und Umstände in der äußeren Welt, weiter voran zu gehen. Sie belebt die Erd-Atmosphäre mit dieser Kraft, so dass die Hoffnung aufrecht erhalten bleibt.

Ihre Ausstrahlung ist erhebend, fröhlich und inspirierend, hilft dem heiligen Christus-Selbst den göttlichen Plan zu erfüllen, gibt jedem Menschen Begeisterung und erhält auch diese Eigenschaft aufrecht. Hopes Ausstrahlung vermittelt ein Gefühl des Auftriebs. Ein Strahl der Eigenschaften von Hope wurde in jedem Menschen-Herzen von ihr verankert, sodass sie darüber das Gefühl der Hoffnung jederzeit intensivieren kann und auf diese Weise das heilige Christus-Selbst des Menschen unterstützt.

5. Strahl - Erzengel Raphael und Mutter Maria

Erzengel Raphael ist der Engel der Heilung, Weihung und Konzentration. Seine heilenden Strahlungen fließen in die physische Welt, und zu allem Leben, auch dem der Astralwelt und den psychischen Ebenen, welche die Erde umgeben. Er bezieht diese heilende Essenz von der Sonne unseres Systems und von Helios und Vesta. Erzengel Raphael weiht diejenigen, die Vater-Mutter-Gott und den Menschen in der physischen Erscheinungswelt dienen wollen. Es ist sein spezieller Dienst, Legionen von großen göttlichen Wesen vorzustehen, die den Strahl Gottes auf diejenigen halten, die humanitäre Dienste zum Segen der Menschheit leisten. In seinen Schulungsräumen werden die Engel von ihm auf ihren Dienst vorbereitet, die göttlichen heilenden Essenzen heranzuziehen und sie in sich aufrecht zu erhalten bis sie denjenigen, der danach verlangt hat erreicht haben. Dann sind sie befähigt, die Heilenergien auf der Erde direkt zu den Menschen zu tragen, die dieser Hilfe bedürfen. Die von Erzengel Raphael projizierten Lichtstrahlen verbinden sich mit denjenigen, die ihre wahre Berufung im Leben gefunden haben.

Über diese Strahlung lassen Erzengel Raphael und seine Engel-Legionen ihre Gefühle der Liebe, Bestän-

digkeit Weisheit und allem was erforderlich ist, einströmen. So erhalten diejenigen, die sich berufen
fühlen, Unterstützung und Hilfe ihre Aufgabe zu be-
wältigen und ihr treu zu bleiben.

Mutter Maria wird auch die „Königin der Engel" genannt. Sie repräsentiert den dritten Aspekt der Göttin, die Jungfrau. Einer ihrer vielseitigen Dienste ist
die Leitung der Heilungskräfte unserer Erde. Sie nahm
einst das Amt der „Kosmischen Mutter" an und betrachtet alle Menschen als ihre geistigen Kinder, die
sie liebevoll betreut. Mutter Maria formt das heilige
Herz für jeden Lebensstrom der sich verkörpert und
das physische Herz jedes Kindes das in die Verkörperung kommt. Sie ist anwesend, wenn sie von ihrem
Körperdeva die Form ihres physischen Körpers erhalten und überwacht dabei, dass nur das Beste der
vorhandenen Energien der Seele dafür verwendet
wird. Mutter Maria dient im Tempel des Heiligen
Herzens, in dem die künftigen physischen Eltern einer
inkarnierenden Seele ausgewählt werden. Gemeinsam mit Quan Yin widmet sie sich dem Dienst für
Kinder, Mütter und werdende Mütter.

Mutter Maria lehrt die Fähigkeit, die innere Stimme
wahrzunehmen und die Wichtigkeit der Kraft der
Konzentration und Aufmerksamkeit. Sie nennt diese
Fähigkeit die „horchende Gnade".

Ihre Ausstrahlung ist reines Vertrauen, die Kraft der
Gnade, liebevoll schützend, spendet Trost und Segnung. Sie vermittelt den Menschen die Hoffnung auf

erfolgreiches Vollbringen. Sie lehrt den Menschen, sich im äußeren Verstand daran zu erinnern, dass Gott keineswegs weit entfernt von ihm ist, sondern das immer gegenwärtige, lebensspendende Prinzip seines eigenen inneren Wesens ist.

6. Strahl - Erzengel Uriel und Archai Donna Gracia

Erzengel Uriel ist der Erzengel des Dienstes, des Beistands und des Friedens. Er ist der Leiter der persönlichen Engel des Dienens und unterstützt sie in ihrer Tätigkeit. Erzengel Uriels Engel-Legionen sind in großer Anzahl beständig anwesend in Seniorenheimen, Krankenhäusern und jeglicher Art von Gefängnissen und Anstalten. Überall dort, wo eine Seele sich in Not befindet, leisten Erzengel Uriel und seine Legionen Beistand. Er betrachtet es als seinen Dienst am Leben, überall die Energie des Friedens zu verbreiten, um den Menschen darin zu unterstützen, beständige Heilung von Körper, Seele und Geist zu erreichen.
Eine friedliche Haltung muss diesem Heilungsvorgang vorrausgehen. Uriel bringt den Menschen das Bewusstsein darüber, dass, wenn er sich in einem Zustand der Aufruhr befindet, die Aura - das Energiefeld

des Menschen - die Heilung die er erhalten möchte, regelrecht abstößt. Wenn er mit Frieden erfüllt ist, nimmt die Aura die Energie der Heilung auch an.

Donna Gracia verkörpert die Tugend der Gnade, die sie als ein göttliches Gefühl betrachtet. Sie repräsentiert die Gnade im Engelreich, so wie Mutter Maria die Gnade im Menschenreich repräsentiert. Donna Gracia unterstützt den Menschen darin, zu ihrem inneren Licht vorzudringen und es zu aktivieren. Ihre Ausstrahlung ist von erhabener Schönheit und Anmut, die den Menschen daran erinnert, was seine eigene Göttlichkeit bewirken kann. Für sich selbst und seine eigene Wandlung, wie auch im Dienst für andere und deren Wandlung.

7. Strahl - Erzengel Zadkiel und Archai Holy Amethyst

Erzengel Zadkiel ist der Engel des violetten Feuers der Anrufung und Umwandlung. Das violette Feuer befähigt jeden Menschen, Karma auf eine schnelle und schmerzlose Art umzuwandeln, anstatt die Erfahrung von unnötigem Schmerz und Leid zu erleben. Das violette Feuer ist das schnellste göttliche Werkzeug, das diesen Dienst leisten kann.

Erzengel Zadkiel und Holy Amethyst geben Unterstützung wenn ein Mensch die violette Flamme auffordert alle harten, nicht vergeben und nachgeben wollenden Gefühle, in ihren unteren Körpern umzuwandeln. Das violette Feuer löst nur die Energien auf, die durch Gedanke und Gefühl, gesprochenes Wort und Handlung falsch qualifiziert wurden und wandelt diese in göttliche Eigenschaften um.

Holy Amethyst tritt mit ihren Engelscharen sofort in Erscheinung, wenn sie um das violette Feuer angerufen wird. Die Feinheit ihrer Ausstrahlung ist der Stärke eines Grashalmes gleich, der in seiner Feinheit selbst durch Beton wächst und alles durchdringt.
Ihre Energie bringt alles was Unvollkommenheiten aufweist in die Transformation und erweckt im Menschen den Wunsch nach Erneuerung und Entfaltung.

Die Elohim und ihre göttlichen Ergänzungen

1. Strahl - Elohim Herkules & Amazon

Elohim Herkules und Amazon waren die ersten, die Helios und Vesta darin unterstützten, den göttlichen Plan für die Erschaffung der Erde zu verwirklichen.

Elohim Herkules ist der Elohim der Entscheidungskraft, der Macht des Sieges und der Gott-Verwirklichung. Er verkörpert den Willen zur Tat. Herkules und Amazon repräsentieren gemeinsam die Kraft des blauen Strahls, den Entschluss und den Willen, ein Vorhaben oder einen Plan zu verwirklichen. Der Wille ist die magnetische Kraft Gottes im Herzen, so sieht Herkules es als seine Aufgabe an, den Menschen daran zu erinnern, so dass er der Meister anstelle des Opfers der Umstände wird. Elohim Herkules trägt die Kraft seiner Liebe und die Flamme seines Herzens in die Herzen der Menschen. Seine Absicht ist, dass dem Menschen bewusst werde, dass alles davon abhängt, wie stark sein Wille ist, zu Sein, zu Handeln, und zu Werden, um ein freies Bewusstsein zu erreichen.

Elohim Herkules repräsentiert den ersten Schritt des Gesetzes der Präzipitation für die Elohim.

Amazon hat die Aufgabe, die Beständigkeit und Tiefe der Kraft des blauen Strahls aufrecht zu erhalten. Sie trägt eine mächtige Kraft der Liebe und Stärke in sich, die sie in die Erdatmosphäre und das Energiefeld der Menschheit ausdehnt. Darüber hinaus umgibt sie den Menschen auch mit der Energie des Schutzes.

2. Strahl - Elohim Cassiopea & Minerva

Elohim Cassiopea und Minerva dienen gemeinsam auf dem zweiten Strahl des Verstehens und der Erleuchtung. Elohim Cassiopea ist der Elohim der Erkenntnis, Weisheit und konzentrierten Kraft der Aufmerksamkeit. Er sieht seine Aufgabe darin, wahrzunehmen was Vater-Mutter-Gott geplant hat und manifestiert sehen will. Cassiopea repräsentiert und vermittelt, wie durch die Kraft der Aufmerksamkeit ein klares und deutliches Verstehen des göttlichen Planes und des Schöpfungsmusters der Erde erlangt werden kann. Er macht den Menschen bewusst, wie wichtig die Reinigung und das ruhig werden seines Gedankenkörpers ist, um die Aufmerksamkeit bewusst auf das göttliche halten zu können. Elohim Cassiopeas Absicht ist, dass den Menschen bewusst werde, wie viel Macht ihre Aufmerksamkeit hat, und was sie bewusst gelenkt bewirken kann. Ist die Aufmerksamkeit auf das göttliche ausgerichtet, formt sie sich zu einem Lichtstrahl, der auf die göttlichen Wesen wie ein Magnet wirkt, und ihnen die Möglichkeit gibt, ihre Energien für die Menschheit einzusetzen und für sie und die Erde zu wirken. Der Strahl der Aufmerksamkeit wird dadurch zum Segen für die Welt und der aussendende wird zum Kanal für göttliche Wesen, durch den sie ihre Segnungen hindurchleiten können.

Elohim Cassiopea repräsentiert den zweiten Schritt des Gesetzes der Präzipitation für die Elohim.

Minerva ist die Göttin der Weisheit und Hüterin des Wissens. Sie war wesentlich daran beteiligt, das Muster der tektonischen Platten, der Erdoberfläche, der Erdschichten und des Inneren der Erde aufrecht zu erhalten.

3. Strahl - Elohim Orion & Angelica

Das gemeinsame Ziel von Elohim Orion und Angelika besteht darin, durch göttliche Liebe Frieden auf die Erde zu bringen.

Elohim Orion ist der Elohim der Liebe und gemeinsam mit Angelica Repräsentant der göttlichen Liebe. Die konzentrierte Flamme der Liebe ist die zusammenhaltende Kraft, die alles im Universum in der Form erhält. Diese Kraft entfernt die Massenansammlungen von Disharmonie in der physischen Welt in der wir leben. Elohim Orion sieht seine Aufgabe in der Liebe des unpersönlichen, konstruktiven Dienstes am Leben. Jede sichtbar gewordene Form ist ein Teil von ihm, denn es ist die Flamme seiner Liebe, die diese Formen zusammenhält. Elohim Orions Absicht ist, dass dem Menschen bewusst werde, dass jede von ihm gewünschte Manifestation umso größer und vollkommener wird, je mehr er das aufrichtige Gefühl der Liebe in sie einströmen lassen kann, denn ohne Liebe ist nichts von Dauer.

Auch die Achtung und Dankbarkeit gegenüber dem Leben und den göttlichen Schöpfungen, in der sich die wahre Bedeutung der Demut offenbart, ist eine Qualität des rosa Strahls. Elohim Orion und Angelica

stehen jedem zur Seite der dies vermehren und ausdehnen möchte. Elohim Orion repräsentiert den dritten Schritt des Gesetzes der Präzipitation für die Elohim.

Angelica ist die unterstützende Energie für die Menschen, die bereit sind vergangenes zu vergeben und
die damit in Verbindung stehenden alten Verletzun-
gen zu heilen. Sie hilft dabei, die Vergangenheit zu
verarbeiten und sich aus ihr zu lösen.

4. Strahl - Elohim Claire und Astrea

Elohim Claire ist der Elohim der Reinheit und der
Wächter des makellosen Planes für die Erde, dieses
Universums, und unserer eigenen individuellen Göttlichkeit. Er bringt den Menschen die Erkenntnis ins
Bewusstsein, dass die Elektronen aus denen ihre Körper bestehen, in ihrem Ursprung absolut rein sind
und es auch immer bleiben. Die Schatten entstehen
aus einem Mangel an Reinheit der unteren Körper
und aus der Gewohnheit heraus, die Aufmerksamkeit
auf unvollkommene Erscheinungen auszurichten.
Diese Schatten legen sich wie ein Schleier um die

Elektronen herum und verlangsamen damit ihre Schwingungsfrequenz. Elohim Claire betrachtet es als seine Aufgabe, dieses Verstehen in das Bewusstsein der Menschen zu tragen und ihnen dabei zu helfen, die Schwingungsrate ihrer Körper zu erhöhen und aufrecht zu erhalten. Er ist der Repräsentant der Flamme der Reinheit, die auch in jedem Elektron der vier unteren Körper des Menschen enthalten ist. Elohim Claires Absicht ist, dass den Menschen bewusst werde, wie wichtig die regelmäßige Reinigung seiner vier unteren Körper ist, weil die unharmonischen Energien der äußeren Welt die Schwingungsfrequenz seiner Körper verlangsamen und ihn immer wieder mit dem Massenbewusstsein und den darin enthaltenen Unvollkommenheiten in Verbindung bringen.

Wenn es zur Gewohnheit wird, die unteren Körper „vorbeugend" regelmäßig zu reinigen, sie damit in ihrer Schwingung zu erhöhen, ist der Mensch in der Lage, seine Körper beständig oberhalb der Disharmonie zu bewegen. Folglich finden destruktive Energien keine Resonanz mehr, sie werden von der höheren Schwingung abgestoßen.

Reinheit ist eine Angelegenheit des Gefühls, des Bewusstseins und der Strahlung. Elohim Claire wird jedem helfen, der den Wunsch hat, das Licht der Reinheit in sich zu erschaffen, aufrecht zu erhalten und auszudehnen. Elohim Claire repräsentiert den vierten Schritt des Gesetzes der Präzipitation für die Elohim.

Astrea sieht ihren göttlichen Dienst in der Reinigung der Astralebene, von der die inneren Ursachen der Unreinheit kommen. Sie hat intensiv mitgewirkt bei der Beseitigung starker zerstörerischer Kräfte und Energiewirbel von denen die Erde betroffen war. Sie hat sich zur Aufgabe gemacht, die Ursachen und Kerne aller bekannten und unbekannten Unreinheiten in den Menschen der Erde zu beseitigen, aufzulösen und in Vollkommenheit umzuwandeln. Die Aufforderung für diesen Dienst muss jedoch von inkarnierten Lebensströmen kommen.

5. Strahl - Elohim Vista und Crystal

Elohim Vista und Crystal repräsentieren gemeinsam die Kraft der Konzentration und der Weihung. Elohim Vista ist auch der Elohim der Musik und der Klänge der Heilung. Er ist Mitglied im karmischen Rat und hat die Aufgabe des allsehenden Auges Gottes zu erfüllen. Dafür hat er die Fähigkeit das „Rad des Schicksals" zu beobachten und ist dessen Hüter. Er lehrt die Kraft der Konzentration, die erforderlich ist, um eine Manifestation hervorzubringen und macht den Menschen die Wichtigkeit des „dabei bleiben" bewusst. Das größte Hindernis, das eine gewünschte Manifestation hinauszögert oder verhindert, ist Zweifel oder Entmutigung, weil das Ergebnis nicht im gewünschten Zeitraum erscheint. Kommt das Gefühl auf, dass es eine Verzögerung gibt, wird Elohim Vista helfen durchzuhalten. Er unterstützt jeden Menschen der ihn dafür um Hilfe anruft, wenn sich die gewünschte Manifestation in Übereinstimmung mit dem göttlichen Plan befindet. Elohim Vista hilft dem Menschen seinen spirituellen Weg, der vor ihm liegt, klarer zu erkennen. Er verfolgt gemeinsam mit Crystal das Ziel, das Bewusstsein der unteren Körper aller Menschen durch die Kraft harmonischer Musik anzuheben. Elohim Vistas Absicht ist, dass dem Menschen bewusst werde, dass sein denken, fühlen und sprechen zur Musik der Sphäre beiträgt und dass es der Klang des Herzens ist, den jeder Mensch als seinen Beitrag dafür geben kann. Elohim Vista repräsentiert den fünften Schritt des Gesetzes der Präzipitation für die Elohim.

Crystal

Die Energie von Crystal strömt eine kristalline Substanz aus, deren Eigenschaft die Gehirnstruktur, die Seele, die inneren Ebenen, und auch die physische Form von veralteten und falschen Konzepten und von Unwahrheiten reinigt und befreit. Ihre kristalline Essenz der Heilung kann wie flüssiges Licht genutzt werden und wie eine innere Dusche in, um und durch die unteren Körper gelenkt werden. So spült diese Substanz die unvollkommenen Ansammlungen aus den unteren Körpern heraus.

6. Strahl - Elohim Tranquility und Pacifica
(Ruhe & Frieden)

Elohim Tranquility und Pacifica sind die Elohim des Friedens und des Dienens. Sie haben über viele Zeitalter hinweg die Eigenschaft des Friedens entwickelt und aufrecht erhalten. Beide betrachten es als ihren göttlichen Dienst, jeden Menschen im Ausdruck des Friedens zu unterstützen. Der Elohim des Friedens wirkt in Orten oder Bereichen, an denen destruktive Energieansammlungen herrschen. Er kann als leuchtende Gegenwart dort hinein gerufen werden, um so viel wie möglich dieser Ansammlungen und Vorkommnisse auszugleichen und zu beruhigen. Elohim Tranquility und Pacifica hüllen jeden, der danach ruft ein in die Substanz, Strahlung und Kraft des Friedens um überall Segen zu bringen. Elohim Tranquilitys Absicht ist, dass dem Menschen bewusst werde, dass die Natur des göttlichen Lichts ist, Vollkommenheit auszustrahlen und dass er zur Erde gekommen ist, um bewusst die Kräfte des Lichtes anzuwenden.

Besonders die Kraft des Friedens ungeachtet aller Schwierigkeiten bewusst aufrecht zu erhalten, fällt vielen Menschen noch schwer. Es erfordert sehr viel Selbstbeherrschung, dies zu erfüllen und in jeder Situation die Fassung zu bewahren. Die Menschheit hat einst die Kraft des aufrechterhaltenen Friedens verloren, dieses Zeitalter soll es sein, in dem sie sich daran erinnern und diese Kraft wieder entwickeln und beherrschen lernen. Der Friede ist die erhaltende Kraft einer Manifestation, so dass nichts diesen Frieden stören oder unterbrechen kann. Diese Meisterschaft soll auch von den Menschen erreicht werden, Elohim Tranquility und Pacifica helfen ihnen dabei. Elohim Tranquility repräsentiert den siebten Schritt des Gesetzes der Präzipitation für die Elohim, denn das „versiegeln" in die Energie des Friedens ist immer der letzte Schritt zur Vollendung einer Manifestation.

Pacifica

Auch Pacifica ist eine Verkörperung sehr großen Friedens. Spezielle Aufgaben sind nicht bekannt, sie dient mit Elohim Tranquility zusammen als Einheit im gemeinsamen erfüllen ihrer Aufgaben.

7. Strahl - Elohim Arcturus und Diana

Elohim Arcturus und Diana sind die Elohim der Symmetrie der Formen, des Rhythmus der Anrufung, der Vollendung und der Freiheit. Sie lehren die Genauigkeit in der Anwendung der violetten Flamme. Die Anwendung dieser Flamme mit Unterstützung von Elohim Arcturus erhöht die Schwingung der Elektronen, aus deren Substanz die unteren Körper bestehen. Elohim Arcturus bringt den Menschen ins Bewusstsein, dass sie die von ihnen ersehnte Freiheit in sich selbst finden, über die Flamme in ihren Herzen. Er unterstützt die Menschen, die den aufrichtigen Wunsch nach Freiheit in sich tragen, die violette Flamme regelmäßig anzuwenden. Wird dies zur tatsächlichen beständigen Gewohnheit, kann sie sogar physisch manifestiert werden, wie es in früheren Zeitaltern üblich war. Elohim Arcturus Absicht ist, dass dem Menschen bewusst werde, welchen Dienst das anwenden der violetten Flamme überall dort erfüllt, wo durch Unvollkommenheit im Gebrauch der Kräfte der Schöpfung und den Gebrauch des freien Willens Verzerrungen stattgefunden haben und Energien unharmonisch qualifiziert wurden.

Die Energie, die in Miss-Schöpfungen der Vergangenheit eingesperrt ist, wird gereinigt und in ihre ursprüngliche Vollkommenheit zurückversetzt. Ähnlich einem alchemistischem Vorgang, durch das läutern mit Feuerkraft oder das veredeln durch Feuer. Elohim Arcturus möchte denjenigen die ein aufrichtiges Interesse daran haben bewusst machen, wie wichtig ein regelmäßiger Rhythmus und die Ausdauer ist, um eine gewünschte Manifestation hervorzubringen. Dass sie beständig genährt und mit Lebensenergie gefüllt werden muss, genauso wie ein Mensch einen bestimmten Rhythmus für die Erhaltung seines Körpers einhält, wie essen und schlafen. Spirituelle Aktivität braucht systematische Ausdauer, sei es im Gebet, für eine Anrufung oder in Gruppenaktivitäten, ohne Vorbehalte auf die Dauer oder Zeit. So lässt sich vieles schneller mit stärker konzentrierter Kraft erreichen und es würden weniger Projekte aufgegeben werden weil der Rhythmus unterbrochen wurde. Elohim Arcturus repräsentiert den sechsten Schritt des Gesetzes der Präzipitation für die Elohim.

Dianas Dienst besteht im verstärken der Kraft der violetten Flamme für die Reinigung der unteren Körper. Sie dehnt das Licht innerhalb der Atome weiter aus und löst damit den Schleier der Schatten um die Elektronen herum auf. Die Schwingungsrate der Körper erhöht sich, der ordnungsgemäße Zustand und der natürliche Einklang werden wieder hergestellt.

Weitere Mitglieder der göttlichen Familie mit speziellen Aufgaben

Sanat Kumara

Sanat Kumara ist der Gott der Geduld. Seine Zwillingsflamme ist **Venus**, die Göttin der Schönheit. Er leistete den wohl größten Liebesdienst während der dunkelsten Zeiten der Erde, in der ihre Auflösung drohte. Sanat Kumara beschloss, seinen Heimatplaneten und seine Familie zu verlassen, um das noch verbliebene Licht auf der Erde mit seinem eigenen Licht aufrecht zu erhalten und zu vermehren, damit sie fortbestehen und überleben konnte.

Er führte diesen Dienst so lange aus, bis eine ausreichende Anzahl der Menschheit in der Lage war, diese Verantwortung selbst zu übernehmen. Dafür verkörperte er sich nicht, sondern erbrachte den Dienst als reines Lichtwesen in der Atmosphäre der Erde. Sanat Kumara ist weiterhin als Regent der Erde tätig, gibt der göttlichen Familie Unterstützung und Hilfe. Durch seinen Dienst ist in allem, was auf Erden existiert seine Energie und Substanz eingewebt. Auch die Menschheit ist dadurch ein Teil von ihm geworden.

Venus- Die Göttin der Schönheit

Während ihre Zwillingsflamme Sanat Kumara in der Erdatmosphäre diente, hat sie die Aufgabe der alleinigen Führung und des Schutzes für den Planeten Venus übernommen. Venus ist die Verkörperung der Schönheit, die zusammen mit der Liebe zum innersten Wesen der göttlichen Vollkommenheit gehört. Schönheit ist eine der größten göttlichen Eigenschaften, daher ist der Wunsch nach Schönheit auch dem Menschen angeboren. Das erhöhen der Schwingungsfrequenz in den vier unteren Körpern trägt dazu bei, der Schönheit in sich selbst und in seinem Leben mehr Ausdruck zu geben.

Der aufgestiegene Meister Kuthumi

Kuthumi hat zusammen mit Jesus Christus das Amt des Weltlehrers übernommen, sie repräsentieren gemeinsam den zweiten Aspekt Gottes, den Sohn, auch als die Verkörperung der göttlichen Liebe bezeichnet. Kuthumi ist einer von den Beschützern, die von anderen Planeten kamen und sich bereit erklärten, der Erde zu helfen. Er war ein Schüler von Gautama Buddha und war Chohan des zweiten göttlichen Strahls bevor er das Amt des Weltlehrers annahm. In seiner Verkörperung als Pythagoras unterrichtete er Astronomie, Musik und Mathematik.

Er empfing von Elohim Vista die Musik der Sphären, die er in die Gefühlswelt seiner Schüler weiterleitete und dort verankerte. Kuthumi war verkörpert als Franz von Assisi und war in dieser Inkarnation bekannt und beliebt für seine Ausstrahlung von Frieden und Liebe. Er sieht seine Aufgabe darin, mit der Energie der Erleuchtung und Weisheit die spirituelle Entwicklung des Menschen zu fördern. Er hilft den Menschen die Gesetze des Lebens zu verstehen und sie bestmöglich anzuwenden, um Weisheit zu erlangen. Kuthumis besondere Liebe und Begeisterung gilt den Schöpfungen des Pflanzenreichs und ihrem filigranen Aufbau.

Der aufgestiegene Meister Jesus Christus

Jesus Christus wird auch als der Friedensfürst bezeichnet und hat zusammen mit Kuthumi das Amt des Weltlehrers übernommen. Er repräsentiert den zweiten Aspekt Gottes, den Sohn, der die göttliche Liebe verkörpert. Jesus Christus hat seine Meisterschaft und seinen Aufstieg erreicht über die perfekte Beherrschung göttliche Energien heranzuziehen, diese um sich herum aufzubauen und anzusammeln, um sie als ein Kraftzentrum das jederzeit und überall sofort zur Verfügung steht, bei Bedarf anzuwenden. Jesus Christus sah während seiner Verkörperung auf der Erde seine Bestimmung darin, der Menschheit selbst in dunkelsten Zeiten zu offenbaren, welche Möglichkeiten Vater-Mutter-Gott für sie vorgesehen hat. Seine Absicht ist auch heute noch dass der Menschheit bewusst wird, dass sich die Qualität ihrer Energie nur dann ändern kann, wenn sie ihr Licht mit dem Vater-Mutter-Gottes verbindet. Darin ruht die Macht der göttlichen Liebe, die den Menschen befähigt seine eigene Meisterschaft hervorzubringen. Meister Jesus Christus lehrt und erinnert die Menschen an die Wichtigkeit, vor jedem göttlichen Dienst sein Bewusstsein, seine Gefühle und sich selbst in der Gegenwart Vater-Mutter-Gottes zu verankern. Und dass es nur auf diese Weise möglich ist, das göttliche Bewusstsein durch Worte und Taten den Mitmenschen zu übermitteln. Auch bringt er den Menschen ins Bewusstsein, dass Gebete oder Anrufungen nur dann ihre volle Wirkkraft entwickeln, wenn sie von tiefem authentischem fühlen begleitet sind.

Lord Gautama Buddha

Lord Gautama wird auch der „Gott der Ausgeglichenheit" genannt und ist Meister des mittleren Pfades. Als Sohn eines Königs geboren, verzichtete er auf Ruhm und Ansehen, um die Energie beherrschen zu lernen und die göttliche Wahrheit zu finden. Auch er begab sich ins Exil und fand über seine Bewusstseinsreisen in die göttlichen Sphären schließlich die Erkenntnis, dass der Wunsch Vater-Mutter-Gottes für die gesamte Schöpfung voller Güte und guter Absichten ist. Das die Unvollkommenheiten auf der Erde dem göttlichen Willen wiedersprachen und keine

Übereinstimmung mit dem ursprünglichen göttlichen Plan zeigten. Das veranlasste ihn, diese Wahrheit den Menschen zu überbringen und das Wissen darüber zu verbreiten.

Er entwickelte die Fähigkeit, soviel göttliche Eigenschaften in sein Energiefeld heranzuziehen, dass andere die seine Aura berührten, in ihrem Bewusstsein erhoben wurden. Seinen göttlichen Dienst sieht er darin, den Menschen Segen und Wohlstand zu bringen. Lord Gautama lehrt den Menschen die Gesetze des Lebens. Er hilft dabei die Fähigkeit zu entwickeln, unharmonischen äußeren Erscheinungen und Bedrängnissen aller Art jegliche Macht zu entziehen und unter allen Umständen Frieden zu bewahren. Durch strenge Selbstschulung verfügt er über die ganze Fülle der Begeisterung und Seligkeit. Lord Gautama ist der Nachfolger von Sanat Kumara als Herr der Welt.

Der aufgestiegene Meister Lanto

Meister Lanto war Chohan des zweiten göttlichen Strahls vor Konfuzius. In der Zeit von Lemurien war er Priester im Tempel der göttlichen Mutter. Er ist Meister der Philosophie und der Weisheit. Lanto wurde ausgebildet und unterrichtet von Lord Himalaya, in der Kunst der spirituellen Gesetze. Während seiner Verkörperungen lernte Lanto eine tiefe Achtung und Verehrung für das Leben entwickeln.

Dieses Verständnis trägt er heute weiter in das Bewusstsein und die Herzen der Menschen. Er lehrt die Anwendung der Macht des Geistes in und mit Liebe. Dies hat auch seine besondere Eigenschaft, Respekt und Achtung für alle göttlichen Schöpfungen hervorgebracht.

Victory

Victory ist ein kosmisches Wesen von der Venus und wurde von Sanat Kumara ausgebildet. Victory ist der Repräsentant der Kraft des Sieges für die Erde. Er bringt den Menschen, die diese Kraft in sich entwickeln wollen das Bewusstsein und die Eigenschaft des Sieges näher. Diese Eigenschaft akzeptiert keinerlei Niederlagen und geht keine falschen Kompromisse ein, sofern diese Kraft bewusst und korrekt angewendet wird und Harmonie aufrecht erhalten bleibt. Dann kann jede Unvollkommenheit entlassen und im siegreichen Vollbringen in Vollkommenheit gewandelt werden. Victory unterstützt den Menschen darin, zur richtigen Zeit die richtige Entscheidung zu treffen.

Lord Himalaya

Lord Himalaya ist die Verkörperung der Weisheit und Erleuchtung. Er verkörpert die Würde und Vollkommenheit der orientalischen Völker. Er ist der Manu der vierten Wurzelrasse.

Lord Himalaya segnet von seiner Lichtstätte im Himalaya - Gebirge aus, alle Menschen die seiner Wurzelrasse angehören und ihren Aufstieg noch nicht vollendet haben. Sein hauptsächlicher göttlicher Dienst besteht in der Erlösung und Erleuchtung seiner Wurzelrasse. Lord Himalaya ist auch der Hüter und Beschützer des männlichen göttlichen Strahls der Erde. Zudem trägt er die Verantwortung für die Erlösung aller Tiere und des ganzen Tierlebens. Lord Himalaya war der Lehrer der aufgestiegenen Meister Kuthumi, Lord Gautama und dem Gott der Liebe, Maitreya.

Der aufgestiegene Meister Johannes

Johannes dient vorwiegend auf dem rosa Strahl und wird auch „Johannes der Vielgeliebte" genannt. Johannes verfügte zu Lebzeiten an Jesus Seite über das tiefste verstehen der göttlichen Gesetze. Er war die vollkommene Verkörperung göttlicher Liebe und unterstützte Mutter Maria während ihrer Mission auf der Erde. Während seiner eigenen Mission wurde er von Jesus begleitet und erhielt Anweisungen von ihm. Johannes schrieb Belehrungen nieder, die heute als die Offenbarungen bekannt sind. Es soll den Menschen in der Zukunft ermöglicht werden, diese Offenbarungen in ihrer ursprünglichen Form kennenzulernen.

Die aufgestiegene Meisterin Isis

Isis repräsentiert die weibliche Urkraft, ist Sinnbild der göttlich weiblichen Energie und weiblichen Schöpferkraft. In Zeiten von Atlantis war sie Priesterin im inneren Kreis der Weisheit. Isis vereint in sich die Göttinnen-Aspekte der spirituellen Lehrerin, der Tochter und der Geliebten, doch vorrangig repräsentiert sie den Aspekt der Mutter, das weibliche Prinzip, das nährende. Sie hilft dabei die göttlich weibliche Schöpferkraft zu aktivieren und lehrt die Frauen deren Stärke und Kraft hervorzubringen. Isis unterrichtet die Frauen im tiefen verstehen der göttlichen Weiblichkeit und im gewahr werden der Göttinnen-Kraft in ihnen selbst.

Isis erinnert den Menschen an sein wahres, ursprüngliches Sein und ermutigt ihn, dass er sein wahres göttliches Wesen wieder annimmt und dessen Wirkkraft durch den physischen Körper frei fließen lässt.

Meister Krishna

Krishna war der erste verkörperte Christus, der Avatar für die Erde. Ein Wesen wie Krishna verfügt über die Fähigkeit, selbst in physischer Inkarnation, in das reine göttliche Bewusstsein hinaufzureichen. Seine Aufgabe besteht darin die Erde und ihre Lebensströme zu überwachen und zu beschützen. Er ist ein großer spiritueller Lehrer und verkörpert darin Freude und Glück.

Krishna ist ein Meister der Segnungen und der göttlichen Liebe. Er war es, der die Bedeutung des wahren Dienens am Beispiel der Sonne erklärte. Sie strahlt mit gleicher Gültigkeit auf alles was ist, gut oder anders, sie macht keinen Unterschied. Sie segnet mit ihrer Strahlung jedes Land, jeden Ort und jedes Lebewesen, so wie Meister Krishna alles segnet, worum er gebeten wird. Auf einigen Niederschriften Krishnas beruhen bekannte, sehr alte Werke wie beispielsweise die Veden.

Lord Maitreya

Lord Maitreya ist der Gott der Liebe und war vor Jesus Christus Weltlehrer. Er wirkte durch ihn und Mutter Maria während ihrer gemeinsamen Verkörperung und unterstützte sie beide während ihrer Mission. Lord Maitreya hat das Amt des Buddha übernommen und verkörpert die Harmonie und das göttliche Gleichgewicht. Er verkörpert alle Aspekte der Liebe Vater-Mutter-Gottes. Lord Maitreya bringt den Menschen nahe, wie wichtig die Beseitigung der tiefen Ursachen von Leid ist. Wird Leid nur oberflächlich in der äußeren Erscheinung gelindert, doch die Ursache nicht erkannt, muss es sich so lange wiederholen, bis es erkannt und erlöst ist. Das kann mehrere Verkörperungen andauern. Lord Maitreya gibt jedem Menschen Hilfe der mit der Kraft göttlicher Liebe die Ursachen aufspüren und erlösen will.

Paul der Venezianer

Paul der Venezianer ist der Vertreter der Liebe Gottes, der Kunst und Talententfaltung. Er weckt die Talente im Innern eines Menschen und animiert ihn Schönheit zum Ausdruck zu bringen. Eine besondere Freude sind für ihn die Farben. Er hilft gerne bei allem was der Verschönerung und der Veredelung dient. Paul der Venezianer ist der Stellvertreter des Maha Chohan. Er war verkörpert als der Maler der Renaissance, Paolo Veronese.

Paul der Venezianer verfügt über zarte, edle Lebensströme von großer, geistiger Kultur für Beschwichtigung von unharmonischen Situationen. Auch auf dem Gebiet der Heilung ist er tätig, speziell mit heilenden Melodien. Er bringt den Menschen ins Bewusstsein, wie wichtig die Kraft der Dankbarkeit ist und sich auf das zu konzentrieren, was im Leben an positivem und Gutem vorhanden ist. Dankbarkeit wirkt wie eine Segnung und ist ein Magnet, der noch mehr gutes zum aussendenden heranzieht.

Die aufgestiegene Meisterin Pallas Athene

Pallas Athene ist die Repräsentantin und die Göttin der Wahrheit. Sie ist Mitglied im karmischen Rat und war Hohe Priesterin im Tempel der Wahrheit in der Zeit von Atlantis. Pallas Athene ist Meisterin der kraft-und siegreichen Lebensführung mit Weisheit und Selbstbewusstsein. Sie führt den Menschen in sein Gleichgewicht, so dass er im Leben die Balance der verschieden wirkenden Kräfte erreichen kann und aus der Mitte heraus handlungsfähig wird. Überall wo es erwünscht ist, unterstützt sie es, die Wahrheit hervorzubringen. Sie lehrt, wie wichtig der Wunsch eines Menschen auf dem spirituellen Weg ist, Wahrheit zu erkennen. Pallas Athene verkörpert den glasklaren Ausdruck der Wahrheit, was in vielen Menschen, die dies nicht wünschen oder Angst vor der Wahrheit haben, Abwehr und Ablehnung erzeugte.

Aus diesem Grund wurde sie häufig falsch dargestellt und ihr liebender Dienst für die Erde und ihre Bewohner wurde verkannt. Sie wirkte daher lange Zeit vorwiegend aus der Stille heraus. Pallas Athene hüllt jeden in ihre Ausstrahlung und Führung ein, der ein Bote der Wahrheit für die Menschheit ist. Gemeinsam mit dem aufgestiegenen Meister Hilarion wirkt sie besonders intensiv für diese Boten, indem sie ihnen zum erkennen größerer Wahrheiten verhelfen. Das Hervorbringen von Wahrheit stand in jedem Zeitalter unter der Leitung von Sonnengöttin Vesta, Pallas Athene und dem aufgestiegenen Meister Hilarion.

Die aufgestiegene Meisterin Meta

Meta ist die Tochter von Sanat Kumara und der Göttin Venus und war lange Zeit Chohan des fünften Strahls. Meta bildete eine Gruppe von Lichtwesen aus, die fähig sind, unreine Manifestationen die zur Ursache von Krankheiten geworden sind, aufzulösen.

Sie dient von einem Lichttempel aus, in dem ihre Helfer durch Projektion von Lichtstrahlen einige der Epidemien auf der Erde gelöst und umgewandelt haben. Ihr göttlicher Dienst besteht in erster Linie im Heilen, darüber hinaus gibt sie Instruktionen über die Gesetze des Lebens. Metas Wunsch ist, dass dem Menschen bewusst wird welche Auswirkungen jede Form von Furcht hat. Da Furcht ein Gefühl ist, vervielfacht sie alles, worauf die Aufmerksamkeit ruht.

Auch Gott-Vertrauen ist ein Gefühl, dies jedoch vervielfacht alles positive, auf dem die Aufmerksamkeit ruht. Meta hilft jedem Menschen der sie dafür anruft, die Aufmerksamkeit auf das positive lenken lernen.

Der aufgestiegene Meister Lord Ling

Lord Ling ist der Gott der Glückseligkeit und der Freude, seine Zwillingsflamme ist die aufgestiegene Meisterin Dawn (Morgenlicht), die Göttin der Glückseligkeit. Er verbreitet die Kraft die wir benötigen um unsere Aufgabe in Freude und Glückseligkeit zu erfüllen. Lord Ling ist Meister der Kraft des zielstrebigen Handelns und des Materialisierens. Er war vor Hilarion Chohan des fünften Strahls. Während seiner Mission als Moses lernte er was es bedeutet, wenn die natürliche Antriebskraft der Glückseligkeit von den Gefühlen der Rebellion und der Sorge überwältigt wird. Er sieht seine Aufgabe darin, den Menschen Hilfe und Unterstützung zu geben, um diesen Fehler für sich vermeiden zu können.

Der aufgestiegene Meister Thoth

Meister Thoth ist derjenige der die geschriebene Sprache entwickelt und ins Leben gerufen hat. Er beherrscht die Kunst der Manifestation und die göttlichen Gesetze. Thoth ist Meister der Alchemie und der Astronomie. Er wird als Krieger des Lichts bezeichnet, voller Liebe und Weisheit. Sein bekanntestes Werk sind die Smaragdtafeln.

Lord Surya

Lord Surya ist ein Friedensbringer und verkörpert die Kraft der Sonne. In der Zeit von Lemurien war er Priester einer großen Zivilisation. Lord Surya bringt Erleuchtung und Frieden. Er lehrt die Schöpfungsvorgänge, mit dem Ziel, den lernenden das Leben selbst und den Sinn des Lebens verständlich zu machen, und dabei in die Energie der Lebensfreude einzukehren. Er unterstützt in allen Bereichen, die das ganze Spektrum der Fülle betreffen.

Die aufgestiegene Meisterin Quan Yin

Quan Yin ist die Göttin der Gnade, des Mitgefühls, der Barmherzigkeit und Vergebung. Quan Yin war vor Meister St. Germain Chohan des siebten Strahls.

Sie ist Mitglied im karmischen Rat und wählte dieses Amt, weil es ihr dort erlaubt ist, die Angelegenheiten der Erde und der Menschheit zu vertreten. Quan Yin ist die Verkörperung der Flamme der Gnade. Sie leitet die Energie der Gnade Vater-Mutter-Gottes überall hin, wo Befreiung und Licht gebraucht wird.

Gemeinsam mit Mutter Maria widmet sie sich dem Dienst an den Kindern und Müttern. Sie segnet die Kinder bereits vor ihrer Inkarnation, soweit wie es das göttliche Gesetz erlaubt, um ihr Karma zu mildern. Quan Yin ist ebenso bei jeder Geburt anwesend und segnet nochmals das Neugeborene in allen Verkörperungen. Sie ist auch die Leiterin der Legionen von Engeln der Gnade.

Mit ihrer Hilfe sendet sie Schutz und Hilfe in Heime und Waisenhäuser und umgibt verzweifelte werdende Mütter und Mütter mit der schützenden Kraft des Glaubens. Sie sieht ihre spezielle Aufgabe im Erlösen von so viel zerstörerischem Karma wie möglich. Insbesondere das von Kindern und Eltern, im einzelnen wie auch im gemeinsamen.

Quan Yin bringt den Menschen Gnade und Heilung und leitet sie als Heilströme in ihre Energiefelder. Sie ist es auch, die aus dem Ätherkörper eines Menschen, der die Erdenebene verlassen hat, die Narben und Ansammlungen destruktiver Energien, die durch Fehlschläge, Niederlagen und Enttäuschungen entstanden sind, soweit entfernt, wie das göttliche Gesetz es ihr erlaubt. Dadurch kann eine Seele in die höchstmögliche Ebene weiterer Belehrungen einkehren. Quan Yin unterstützt die Menschen darin zu erkennen, wie wichtig die Kraft der Vergebung ist. Sie hilft all jenen, die sich nicht fähig fühlen, oder aus Gründen des Zorns verweigern Vergebung anzuwenden. Quan Yin fordert die Menschen auf, sich aus ihrem gefangenen Bewusstsein zu erheben, ihren Geist auszudehnen und ihm die Freiheit zu geben, für sich und ihr Umfeld Vollkommenheit zu erschaffen.

Die aufgestiegene Meisterin Leto

Letos Ausstrahlung verbreitet den Duft von Heidekraut, das sie während einer ihrer Verkörperungen besonders liebte. Ihr spezieller Dienst ist das Aussenden von Heilströmen, besonders wenn sich irgendwo Epidemien verbreiten, damit unterstützt sie die aufgestiegene Meisterin Meta in ihrem Dienst. Leto hilft auch dabei, die geistigen Belehrungen die ein Mensch während des Schlafes empfängt, in sein Wachbewusstsein mitzunehmen und sich an Besuche in den Lichtstätten in seiner Gefühlswelt zu erinnern.

Der aufgestiegene Meister Harmony

Harmony repräsentiert das Gesetz der Harmonie für die Erde. Er macht den Menschen bewusst, dass die Kräfte der unharmonischen, menschlichen Schöpfungen den Gefühlskörper stark belasten und wie wichtig es deshalb ist, seine Aufmerksamkeit auf die göttlichen Energien zu lenken und dort aufrecht zu halten.

Der aufgestiegene Meister Prinzipa

Prinzipa ist der Gott der heiligen Ordnung und verkörpert dieses Gesetz. Göttliche Ordnung in persönlichen Dingen, im gefühlsmäßigen agieren, im Denken, in unserer physischen Welt und in unserer Umgebung sind wichtige Grundlagen für die Weiterentwicklung. Ordnung ist des Himmels erstes Gesetz, es ist das wesentliche, um die Strahlung eines vollkommenen Wesens heranziehen zu können.

Engel-Legionen

Jedem göttlichen Strahl sind Legionen von Engeln zugeordnet, die den Eigenschaften des Strahls entsprechend, verschiedenste Dienste leisten. Sie können für alle möglichen Angelegenheiten gerufen werden um unharmonische Energien in Gruppen, Orten, Gebäuden, an Plätzen oder in Situationen umzuwandeln oder mit ihren Energien von Trost, Liebe, Heilung, Reinigung, Harmonie und vielem mehr aufzuladen. Entscheidend ist immer, dass die Menschen ihnen Achtung und Dankbarkeit geben und dass jeder Aufruf an sie sich im Einklang mit dem göttlichen Plan befindet.

Zu guter Letzt, weil dieses Reich mir besonders am Herzen liegt und ihm meine besondere Liebe gilt, noch ein kurzer Einblick in die Wesen der Natur, die ebenso unserer göttlichen Familie angehören. Eines der folgenden Bücher werde ich in ausführlicher Form dem Naturreich widmen.

Erzengel Sandalphon

Erzengel Sandalphon wird auch der „Gärtner Gottes" genannt. Er ist der Hüter der Farben der Natur und des Wachstums auf der physischen Ebene. Das bezieht sich nicht nur auf das Wachstum des Naturreichs, sondern gleichermaßen auf das geistige Wachstum aller Lebensströme der Erde. Sandalphon unterstütz die Erfüllung der Herzenswünsche, dabei sollte immer beachtet werden: „Überlege dir gut was du dir wünscht, es könnte sich erfüllen!" Es kommt also immer auf eine klare Formulierung an und der Wunsch sollte sich immer im Einklang mit dem eigenen Seelenplan und dem göttlichen Plan befinden.

Erzengel Sandalphon hilft auch bei der Heilung des inneren Kindes.

Natur-Devas

Die Natur-Devas sind die Hüter des Naturreiches. In ihrer Erscheinung und Ausstrahlung ähneln sie den Engelwesen. Unter dem Begriff Deva ist ein himmlisches Wesen zu verstehen, das in verschiedenen Bereichen der physischen Welt Formen erbaut. Natur-Devas sind ebenso wie die Elohim sehr lichtvolle Formenerbauer. Sie helfen und unterstützen die Elohim darin, die „Details" eines Planeten, wie Wälder, Gebirge, Flüsse und Seen zu erschaffen.

Sie sind Meister im Erschaffen von Formen aus der Ursubstanz und können in Sekundenschnelle große Seen oder ganze Bergketten formen. Zu den Devas der Natur gehören Blumen-,Baum-,und Pflanzen-Devas. Alle Schöpfungen Vater-Mutter-Gottes haben eine Seele, so auch die Pflanzen. So wie die Devas sie erschaffen und ihnen ihre Formen gaben, so bleiben sie auch die Hüter dieser Pflanzen und umhüllen sie stets mit ihrer Energie. Damit nähren und stärken sie das Energiefeld der Pflanze. So wie sich in einer Pflanzen der Vorgang der Photosynthese für ihre Umgebung vollzieht, so vollziehen die Natur-Devas diesen Vorgang im Austausch von Lichtsubstanzen für die Atmosphäre der Erde. Ihre Anwesenheit bei einer Pflanze oder einem Baum lässt uns zusätzlich zum Wesen der Pflanze auch die Energie der Devas wahrnehmen.

Durch ihre Anwesenheit öffnet und erweitert sich unsere Wahrnehmung und wir können tiefer eintauchen in die Schöpfungsvorgänge des Pflanzenreichs. Aus diesem Grund wird das Naturreich mit seinen dazugehörenden Naturwesen oft als ein Tor in die „Anderswelt" bezeichnet. Der gesamte Schöpfungsvorgang kann sich auf diesem Wege mit all seiner Vielfalt und Schönheit einem Menschen in der tiefen Betrachtung einer einzigen Blume offenbaren.

Die Absicht der Natur-Devas in ihrem hingebungsvollen Dienst ist, die Menschheit dahin zurückzuführen, Liebe und Achtung gegenüber allen göttlichen Schöpfungen zu entwickeln und ihnen die Schönheit, Reinheit und Liebe näherzubringen, die sie selbst für ihre Schöpfungen empfinden.

Wir sollten einer Pflanze immer mit Achtung begegnen und dem Wesen der Pflanze, ihrem Deva für ihren Dienst danken. Das gilt für die Annäherung zum Zweck der Kontaktaufnahme und Betrachtung einer Pflanze ebenso wie für das pflücken einer Blume oder dem sammeln von Heilpflanzen.

Für das gemeinsame wirken und das annehmen der Hilfe aller Mitglieder der göttlichen Familie sollte der Ausdruck unserer Dankbarkeit eine Selbstverständlichkeit sein. Auch wenn diese Wesen sehr weit entwickelt sind und die Segnungen vorwiegend von ihnen ausgehen. Senden wir ihnen unsere Liebe und Dankbarkeit und segnen sie von uns aus für ihre Dienste, nehmen auch sie es von uns sehr gerne an.

Und wie bereits mehrfach beschrieben:

„Dankbarkeit vermehrt alles für das wir dankbar sind"

Möge es sich mit der Erfüllung des ursprünglichen göttlichen Plans zum Wohle allen Lebens offenbaren.

Ergänzend zu diesem Buch werden folgende Bücher erscheinen:

El Benia – Göttliche Helfer
El Benia – Göttliche Gesetze
El Benia – Göttliche Schöpfungen
El Benia – Göttlich Weiblich
El Benia – Göttliche Geschenke
El Benia – Göttliche Gaben

Von der Autorin bereits erschienen:

El Benia – Das Geschenk der Elohim
ISBN: 9783837064438

El Benia – Die Göttliche Familie
ISBN: 978-3-7322-4467-6

Weitere Informationen können auf der Internetpräsenz der Autorin eingesehen werden:

www.elatasin.info
www.elatasin.de